*La virtud de pensar*

ENSAYO|Berenice

MARÍA ÁNGELES QUESADA

# La virtud de pensar

## Pensamiento crítico para tiempos revueltos

Berenice

© María Ángeles Quesada, 2021
© Editorial Almuzara, s.l., 2021

www.editorialberenice.com

Primera edición: octubre de 2021

Colección Ensayo

Director editorial: Javier Ortega
Editora: Ana Cabello

Impresión y encuadernación:
Gráficas La Paz

ISBN: 978-84-18952-20-3
Depósito Legal: CO-956-2021

Impreso en España/*Printed in Spain*

*A mi padre,*
*por enseñarme los ritmos de la vida.*

# Índice

# Prefacio

Hace no tanto que el mundo se dio la vuelta. Desde ese momento de vuelco, no solo la pandemia nos ha acechado. Una meteorología alocada y un mercado en crisis nos mantienen, junto a la situación sanitaria, en un vilo constante. La vida del ser humano probablemente fue siempre así, mucho más azarosa y no tan previsible. Nos habíamos acostumbrado a un mundo falso, nos habíamos agarrado al confort y evadido en el consumo; nos sentíamos intocables. No lo somos, lo hemos vuelto a descubrir. La perplejidad con la que escribo estas frases es la misma con la que todos miramos al mundo cada día al despertar en los últimos tiempos. Porque, sin duda, son unos tiempos revueltos. Quizá se nos olvidó lo pequeños que somos, se nos olvidó que hacemos daño a un planeta que nos acoge, se nos olvidó que había que colaborar y hacer por el otro lo que a veces no haces ni por ti mismo. Hace tiempo que se oyen voces que apuntan a la necesidad de unas respuestas más colaborativas a nuestros problemas, probablemente vías que pongan no solo a la persona en el centro, sino al ser, no solo humano, en el centro. Porque no somos reyes ni dueños de nada. Y para poder colocarnos en ese lugar de conciencia, no podemos postergar más el trabajo sobre nuestro pensamiento. En un momento donde la humanidad tiene acceso a más información que nunca, donde las técnicas de manipulación son más precisas que nunca, donde la tecnología al servicio de grandes corporaciones y gobiernos nos hace más vulnerables que nunca, la educación da la espalda al pensamiento una vez más. Ahora es más fácil manipular y a la vez es más difícil pararse a pensar.

Sin embargo, junto a estas carencias, también asistimos a una llamada; el pensamiento y la filosofía están siendo requeridos en la arena pública. Las filósofas y filósofos están sacando sus herramientas de pensamiento y haciendo un necesario trabajo de divulgación. Somos llamados a diagnosticar lo que sucede, a predecir lo que vendrá, a intervenir en el rumbo de las organizaciones... Quizá esta llamada esté mostrando una necesidad latente. Lo más importante de este trabajo es plantar la semilla del pensamiento en todas las personas que forman la sociedad. Es llenar las calles de preguntas. Generar en las instituciones y las organizaciones espacios para el cuestionamiento. Provocar al ciudadano para ser libre. Para ser libre para pensar.

Cada mañana nos enfrentamos a la complejidad de un mundo donde hay millones de textos y vídeos que tratan de captar nuestra atención. Las ideas circulan a toda velocidad, sobre todo tipo de cosas. Tenemos a nuestra disposición millones de objetos de deseo y de opiniones. Y somos conscientes de las injusticias, los conflictos, las incoherencias de los sistemas que habitamos. Algo se nos mueve dentro, pero no sabemos articularlo. Decimos que necesitamos pensamiento crítico. Pero, ¿qué significa el pensamiento crítico? ¿En qué consiste? ¿Qué podemos hacer para cultivarlo?

Mi propósito aquí es partir la fruta por la mitad y desgranarla. Desmenuzar y explicar cada una de las actividades del pensamiento. Este libro no nos toma por incapaces o infantiles, pero nos acompaña en un camino lleno de riscos e inestabilidades. Hace ya más de diez años que comencé mi trabajo de llevar la filosofía y el pensamiento a la sociedad y las organizaciones. Sentía que el pensar seguía siendo algo inasible, una caja negra, reservado para unos pocos o visto como una actividad de intelectuales. Sin embargo, todos pensamos. Y por ello es fundamental saber cómo hacerlo bien. Probablemente uno de nuestros fallos haya sido dejarlo de lado o reducirlo a un cálculo. Más allá de una razón pintada como todopoderosa, alienante y calculadora, hay lugar para una nueva racionalidad. El ser humano siente, intuye, crea y sueña mientras piensa. Acoger la complejidad de los tiempos y la riqueza del pensar humano es nuestro reto. Nuestra misión consiste en definir el pensar, hacer comprensible cómo pensamos individualmente y con los demás, abrazar un nuevo concepto de racionalidad más integradora y explicar las actividades que hemos de trabajar para construir un mundo más habitable, humano y ético.

Así, *La virtud de pensar* no es una ruta teórica, sino una que se practica, donde llevamos la mochila llena para la travesía, pero que tendrá que ir vaciándose y reestructurándose según avance el camino. Nada de lo dicho aquí son solo palabras. Muchas de estas ideas beben de reflexiones hechas, observadas y practicadas durante toda una vida de ensayo y error, y apasionada por una filosofía viva. Por eso, este camino es mi propia ruta, pero una que, además, he compartido antes con muchos otros, con personas con las que he podido trabajar en organizaciones y empresas, además de en talleres, sesiones y diálogos. Ahora la pongo al servicio de todos, porque la filosofía debe servir a la sociedad. Por eso este libro está a caballo entre un ensayo y un manual. Junto con las argumentaciones de cada idea veréis ejercicios que os interpelan durante el recorrido. Para hacerlos tendréis que hacer un alto, vaciar la mochila y reestructurarla para poder seguir. Además, hay un mapa especial, aquel que puede ser usado para aplicar el pensamiento crítico a cualquier situación.

A lo largo de mi propio camino me he dado cuenta de que las actividades del pensar entroncan con las grandes verdades de la vida, esas reflexiones profundas de lo que significa vivir y que las grandes filosofías y tradiciones de sabiduría comparten. Y, por tanto, una vez que hemos llegado a esos oasis de sabiduría es inevitable comparar esas buenas formas de vivir con los vicios de la sociedad de hoy. Aun así, esta ruta acaba bien, no porque nos asegure un final feliz, sino porque nos asegura un camino frondoso y la mar de interesante. Te invito a compartir el camino conmigo. Porque no hay pensamiento sin acción ni acción sin pensamiento.

Madrid, 11 de junio de 2021

# CAPÍTULO 1
## ¿Qué es pensar bien?

No podemos dejar de pensar y, sin embargo, dedicamos muy poco tiempo a pensar sobre *cómo pensamos*. Prueba de ello es la confusión que surge ante la pregunta con la que suelo abrir este tema: «¿Crees que piensas bien?». La réplica lo confirma: «¿A qué te refieres?». Sin embargo, si yo te preguntara «¿crees que respiras bien?» o «¿crees que andas bien?», sin duda te sería más sencillo contestar. Probablemente aunque no seas un especialista en respiración ni en postura, intuyes que hay un modo sano, adecuado y relajado de respirar y también de andar que beneficia tu salud. Y síntomas como que te duele la espalda, que te pones nervioso o que haces algo raro con la voz son pistas de que puede que no estés respirando bien o caminando bien. Intuitivamente puedes responder a esas preguntas y dar un veredicto más o menos preciso.

Pero *pensar* es un concepto que consideramos menos obvio. Es algo que también hacemos todos los días y todo el tiempo, como respirar. Sin embargo, nos resulta difícil definirlo y, por tanto, hacer una valoración sobre la calidad de nuestro pensamiento. Al tratar de definirlo nos vienen las primeras ideas: pensar es reflexionar, pensar es dedicar tiempo a analizar algo, cuando pensamos buscamos soluciones a problemas, etc. Al tratar de valorar la calidad de nuestro pensamiento, podemos encontrar en nosotros una intuición sobre si pensamos bien o mal, si estamos más cerca de los sano o lo insano respecto al pensar. Es habitual que dichas intuiciones provengan de señales en forma de placeres o dolores, y eso sea lo que nos avisa de que hay algo que hacemos o no bien. Un poco más adelante hablaremos de dolores, pero sigamos nuestro razonamiento.

Pensar es una facultad de la que los seres humanos estamos dotados, una habilidad que desarrollamos durante la vida desde el comienzo de nuestro desarrollo. Más o menos sabemos lo que es pensar; no obstante, en este capítulo, vamos a elaborar una definición de pensar aún más precisa. Aunque todavía me gustaría aclarar un punto muy importante antes:

Podemos respirar bien, de forma tranquila, tomando el aire adecuadamente, con ritmo constante. Esa es la forma en la que respiramos, la técnica con la que lo hacemos. Pero puede que lo que respiremos, el contenido de la respiración, sea aire podrido, aire contaminado, o bien un aire limpio y equilibrado en composición. En este caso, nosotros solo tenemos poder total sobre la técnica, sobre el *cómo*; no podemos tener poder completo sobre lo que respiramos. No obstante, si aprendemos a respirar bien técnicamente y entendemos que eso implica un elevado grado de conciencia de la calidad de ese aire, buscaremos de forma natural entornos de aire más favorables. Con este ejemplo vemos la diferencia entre continente y contenido.

Trasladas esto al pensamiento y así no confundiremos continente con contenido. Podemos pensar con una buena técnica: analizando bien la información, haciéndonos las preguntas adecuadas, identificando errores y sesgos, enmarcando nuestros problemas y propósitos al pensar, valorando diferentes opciones, teniendo en cuenta puntos de vista relevantes, etc. Y pensar diferentes contenidos, opuestos incluso; podemos pensar mal o bien de alguien, concluir un argumento o su opuesto. Pensar bien no significa pensar de una determinada manera, no significa ser de tal ideología o de tal doctrina, no piensa mejor el liberal que el comunista, aunque algunos razonamientos de ambos puedan ser de muy mala calidad. Y aunque la forma en que pienso afecta al contenido de lo que pienso, matiz que veremos a lo largo del libro, vamos a empezar a reflexionar sobre la facultad de pensar, es decir, la forma, el continente. Reflexionemos, pues, sobre cómo pensamos.

Vamos a completar nuestra definición de pensar para poder abordar mejor la pregunta. Pensar es una facultad que nos permite procesar, ordenar y valorar la información que nos llega. Así, la pregunta de «¿crees que piensas bien?» nos interpela sobre si nuestro procesamiento, ordenamiento y valoración de la información es bueno o al menos aceptable (libre de errores muy graves, de bucles interminables, etc.) o, por el contrario, es frustrante, fallido, farragoso, infructuoso y difícil de entender por otros. Podemos responder que, en ocasiones, es bueno y, en otras, más errático. Sin embargo, ¿no crees haber conocido a personas que parecen ser más claras en su pensar, más ordenadas cuando hay que serlo, más intuitivas cuando también hay que serlo, que dan en el clavo, que valoran adecuadamente? ¿No crees que hay unas habilidades de las que hacen gala esas personas que se pueden aprender para pensar mejor? Esas personas no solo comprenden mejor los problemas a los que se enfrentan, no solo son más ordenadas y claras en sus argumentaciones, no solo pueden ser más creativas y pensar en los márgenes de lo establecido y no solo son más eficientes en la resolución de los problemas que localizan, sino que además suelen ser más sanas en sus decisiones, practicando la empatía y la escucha, con una visión ética y amplia de las consecuencias de su decisión. En definitiva, son personas cuyas decisiones hacen que su vida sea más consciente, a la vez que funcional. En palabras de Marco Aurelio:

«La vida de un hombre es lo que sus pensamientos hacen de ella». Marco Aurelio, emperador de Roma y filósofo estoico, se refería a los pensamientos que tenemos acerca de las cosas, a «cómo nos las tomamos», diríamos hoy. Este significado no se aleja del nuestro, una buena forma de pensar es, en última instancia, una buena forma de procesar, analizar y valorar en su justa medida lo que nos pasa.

Plantéate estas preguntas y toma un tiempo para contestarlas. ¿Crees que piensas bien? ¿Por qué crees que piensas bien o mal? ¿En qué momentos o situaciones piensas bien? ¿En cuáles piensas mal? Visualiza a alguien que piense mal y describe lo que hace y por qué consideras que piensa mal.

## LOS DOLORES DEL PENSAR
## ¿CÓMO SE NOTA QUE ESTAMOS PENSANDO MAL?

Los síntomas son manifestaciones externas y evidentes de lo que pasa internamente. En nuestro mundo de ensimismamiento y falta de autoconciencia, nos cuesta a veces saber qué nos pasa. Pero probablemente hay señales que nos advierten de que algo no funciona correctamente. Los dolores, incomodidades o insatisfacciones pueden ser síntomas de que algo funciona mal. Existen algunos síntomas específicos que pueden estar apuntando a errores en el pensamiento. Comentaremos brevemente y a brocha gorda algunos de estos síntomas y a qué problemas de pensamiento se deben. No trato de dar una tipología exhaustiva, sino de reseñar los más comunes; sirvan como ejemplo y no tanto como etiquetas inamovibles[1].

PENSADOR EN BUCLE. El bucle sucede cuando nos obsesionamos sobre algo que nos preocupa y solo le damos vueltas, regodeándonos en cada pequeño detalle, inventando o completando gran parte de la información con afirmaciones que damos por sentado, sin cuestionamiento o con predicciones las más de las veces catastrofistas. La clave para identificar esta forma de pensar es la incapacidad para salir de ahí, para tomar perspectiva y ver con claridad. Cuando esto ocurre magnificamos o retorcemos la realidad, liándola más, construyendo en nosotros miedos y paranoias que no existen. Coloquialmente decimos que estos pensadores en bucle son personas obsesivas o que *se rayan* por cualquier cosa y a veces tienen dificultades para expresar todo lo que les pasa por la cabeza, dando la sensación externa de caos.

Comienza a remediarlo: en una época de mi vida había un tipo de pensamientos a los que no quería volver, me sumergían en un bucle y yo era consciente de que solo estaba ahí para recrearme en algo doloroso que ya estaba en el pasado. Opté por imponerme una disciplina de decirme a mí misma *stop* cuando aparecían. No me permitía meterme ahí, me obligaba a distraerme y poner mi atención en otra cosa. Al cabo de un tiempo mi mente dejó el hábito de volver a ellos. ¿Qué estoy pensando que no tiene ningún fundamento? ¿Lo hago para recrearme en una emoción tóxica?

PENSADOR ILÓGICO Y FANTASIOSO. La fantasía y la creatividad nos hacen originales, imaginativos y arriesgados, pero ¿qué

---

1     En ningún caso en este apartado me refiero a enfermedades mentales o patologías, sino a modos de pensar generales del ser humano.

pasa cuando nuestra fantasía elimina todo toque con la realidad? Nos convertimos en personas con razonamientos raros, erráticos. Hoy día ser alocado puede estar hasta bien visto según en qué ambientes; sin embargo, los barrocos cuentos personales que nos contamos a nosotros mismos o con los que adornamos la realidad para disfrutarla más tienen que tocar tierra. Hemos de saber cuándo podemos construir nuestra escalera sobre esas ideas para subir a coger lo que está arriba en el armario, o cuándo es muy probable que esa escalera se caiga. La habilidad para saber cuándo volar y cuándo tocar tierra, y cómo equilibramos realidad, imaginación y fantasía, se cultiva también. Un ejemplo muy actual de este tipo de pensador son las personas que se adhieren a movimientos negacionistas extremos. Estas personas contravienen la lógica y la evidencia, o solo se apoyan en la evidencia que confirma sus creencias (sesgo de confirmación) y, adornando con imaginación lo que creen que es verdad, adoptan estas posturas que amenazan el buen criterio. Además, suelen contagiarse fácilmente unos a otros y retroalimentarse en esos pensamientos.

COMIENZA A REMEDIARLO: comenta tu historia y lo que piensas sobre algo a personas de confianza que piensen diferente a ti. Pregúntales si ven plausibles tus razonamientos. Entabla un diálogo que ponga en duda tus creencias, trata de responder a sus preguntas y escuchar posiciones diferentes.


PENSADOR SIMPLISTA Y CRÉDULO: hay quien piensa mal porque no es capaz de ver la complejidad inherente a los problemas. Puede que sea alguien que rápidamente es consciente de dicha complejidad y entra en pánico. O la pereza le invade cuando ha de enfrentarse a ella. Este pensador prefiere no introducirse en los tortuosos y poco seguros mecanismos de desgranar la información. Tan solo empieza a ver todo lo que no podrá esclarecer y lo deja. Este tipo de pensador probablemente sufre bloqueos e inseguridades y quiere escapar de su responsabilidad de pensar. Unas veces son pensadores que no son muy reflexivos, dejándose guiar o adoptando ideas de otros en vez de indagar las suyas propias. Otras veces, detrás de un pensador simplista también puede haber alguien muy exigente y perfeccionista, o un idealista que se está tomando un respiro en el otro lado de la balanza.

Comienza a remediarlo: ten claro que sin esfuerzo no vas a pensar mejor y acabarás en la más grande ignorancia. Una vez que empieces a esforzarte por analizar tu pensar, le sacarás el gustillo. Empieza con cualquiera de estas herramientas: busca un lugar para reflexionar, hazte preguntas, conversa con otros sobre tus ideas.

PENSADOR ANALÍTICO EGOÍSTA: hay quien siendo una persona muy analítica suele enfadar a menudo con su actitud de «yo siempre tengo razón», o con su mirada paternalista y arrogante. Estos perfiles suelen tener una visión rígida de la realidad. El cristal de las gafas egoístas es tan gordo que hay cosas que no les llegan, y estos pensadores hacen gala de una gran falta de empatía. Estas personas narcisistas no se dejan permear por el pensamiento de los que consideran inferiores o errados, y no tienen en cuenta otros puntos de vista ni consideran que sea posible otra forma de racionalidad. En casos extremos, sus sesgos hacen que caigan también en gran distorsión, sobre todo de los hechos que no han vivido en sus propias carnes y en los que más les cuesta ponerse en el lugar de otro. Sus posturas son radicales y despiadadas.

Comienza a remediarlo: considera a los otros, escucha y valora sus visiones, no seas paternalista ni te mofes de sus opiniones. Escucha y deja entrar a los demás, verás a lo largo de este libro que el pensamiento crítico no es tal sin puntos de vista, empatía, sentimientos y una buena ética que lo sostenga.

PENSADOR INCOMPRENSIBLE: ¿cuántas veces sientes que explicas algo pero tu pareja, tu amiga o tu compañero de proyecto parecen entender otra cosa? La comunicación humana muchas veces parece un teléfono roto o un Whatsapp sin emoticonos. Cuando guío diálogos se hace patente la falta de práctica que tenemos en la escucha y el entendimiento del otro. Hay pensadores para los que hacerse entender o entender a otros representa un gran escollo. Verbalizan inconexas ideas y opiniones, siendo poco claros para ellos y para los demás. Plagan el discurso de contradicciones, repeticiones, bucles, incluso puede que se enfaden contigo, recurriendo al insulto o a la evasión. A veces, este tipo de pensador también encubre intenciones poco claras y directas. Personas con poco autoconocimiento, seguridad o equilibrio emocional pueden acabar mostrando una comunicación errática, con intención de buscar en ti una respuesta determinada, confundirte o manipularte en algún sentido. En este caso, están más concentradas en agradar o cumplir las expectativa que se han hecho sobre la situación que en comunicar sus ideas de forma genuina. Estas personas no tienen necesariamente un problema de escucha (aunque a veces también lo tengan), sino que su error reside en la dificultad que tienen para comprender y comprenderse. Están acostumbradas a mirar desde su propio sesgo, dentro de su propio mundo, y están obsesionadas con el resultado final de su intervención.

Comienza a remediarlo: escucha e intenta comprender a los demás siempre desde cero, como si no supieras nada de ellos ni nada del tema, con la mirada de un niño curioso. Así bloqueas un poco los sesgos que te asedian y las inseguridades que te impiden concentrarte en la conversación. Explica tus ideas con pausa y tranquilamente, concentrándote en lo que quieres decir.

\* \* \*

Todos podemos ser los diferentes tipos de pensadores en ciertos momentos, con ciertas personas o en etapas concretas de nuestra vida. Cuando somos jóvenes e inexpertos podemos, a veces, adoptar la postura de un pensador simplista en ciertos asuntos. Solemos seguir la opinión de otros y no decir mucho. Con nuestros padres o madres, aunque ya seamos adultos, desplegamos el simplista o el egoísta dependiendo del momento en el que estemos. También, a veces, la arrogancia de la juventud y ser una persona que se esfuerza por pensar diferente nos puede encaminar hacia un pensador analítico egoísta. En etapas de nuestra vida donde sufrimos una pérdida o una ruptura, podemos caer fácilmente en el pensador en bucle. Por ejemplo, en la situación actual de crisis mundial, muchas personas han sufrido estrés, pérdidas, confinamientos, etc. La incertidumbre es constante y el día a día se torna repetitivo y gris, así que es común vivir episodios de pensamiento en bucle.

Pero los dolores tienen remedio, al menos existe el camino del buen pensar. Este camino nos ofrece pautas y actividades que aliviarán esos errores. ¿Cómo es un pensador que piensa bien? Veámoslo.

## EL IDEAL DEL PENSADOR

Para los filósofos estoicos era muy importante tener mentores o modelos que inspiraran su comportamiento y su crecimiento hacia la virtud. Es frecuente encontrar en los escritos estoicos (por ejemplo, en las *Meditaciones* de Marco Aurelio o en los ensayos de Séneca) referencias al ideal de sabio. El ideal de sabio es un referente, alguien a quien nos queremos parecer, que nos ayudará a visualizar el camino y a imaginarnos acciones al responder a la pregunta: ¿qué haría esta persona en mi situación? Antes hemos recalado en esas personas que consideramos que tienen o han desarrollado la habilidad de pensar bien. Seguro que te vino alguna persona cercana a la cabeza. Tenla en mente a partir de ahora, busca inspiración en ella, considérala tu modelo. Pero más allá de modelos, ¿qué características tiene un buen pensador?

Más recientemente, en 1990, Peter A. Facione, investigador y consultor, se reunión con un grupo de expertos interdisciplinares estadounidenses y canadienses y se pusieron de acuerdo en la siguiente definición del pensador crítico: «El pensador crítico ideal es una persona que es habitualmente inquisitiva; bien informada, que confía en la razón; de mente abierta; flexible; justa, cuando se trata de evaluar; honesta, cuando confronta sus sesgos personales; prudente, al emitir juicios; dispuesta a reconsiderar y si es necesario a retractarse; clara, con respecto a los problemas o las situaciones que requieren la emisión de un juicio; ordenada, cuando se enfrenta a situaciones complejas; diligente, en la búsqueda de información relevante; razonable, en la selección de criterios; enfocado en preguntar, indagar, investigar; persistente en la búsqueda de resultados tan precisos como las circunstancias y el problema o la situación lo permitan. Así pues, educar buenos pensadores críticos significa trabajar en pos de este ideal. Es una combinación entre desarrollar habilidades de pensamiento crítico y nutrir aquellas disposiciones que consistentemente producen introspecciones útiles y que son la base de una sociedad racional y democrática» (*Delphi Research Report*).

Esta definición parece ser exhaustiva, sin embargo, convendría añadir un importante aspecto en el que estaría de acuerdo la californiana Fundación para el Pensamiento Crítico (Critical Thinking Foundation). Esta organización denomina *pensador crítico ecuánime* al pensador que exhibe un mayor nivel en la habilidad de pensar bien y que por tanto se acercaría al ideal de sabio. El pensador crítico ecuánime es un pensador que es bueno en el procesamiento, análisis y valoración de la información y, además, —y muy importante—, es justo con los demás. Encontramos aquí un nuevo aspecto crucial para nuestra forma de entender el pensamiento crítico. El ideal implica un compromiso con un pensamiento empático, inclusivo de emociones y sentimientos, así como de puntos de vista de otras personas, y con valoraciones respecto a lo bueno. Es decir, el buen pensador es ético. El pensador crítico ideal despliega un pensamiento donde las habilidades intelectuales y las virtudes se han instaurado como su segunda naturaleza, concluye esta misma organización.

En ambas definiciones se entrevé un ideal que va más allá de un procesar y valorar analítico de la información. El ideal de pensador se acerca, por tanto, más al ideal del sabio estoico. Esto es, a una persona reflexiva y que se conoce, que se piensa y piensa con pausa las situaciones, que no se confunde y se diluye en las emociones facilonas y ganchos de moda y que, además, persigue la virtud.

 ¿Qué tipo de pensador eres? ¿Tienes algún dolor que predomine? ¿Practicas la ética en el pensamiento?

# CÓMO PIENSO YO

Nos hemos metido de lleno en un proceso de autoconocimiento de nuestra manera de pensar. Y casi sin darnos cuenta estamos empezando a subir el primer peldaño de la escalera del pensamiento crítico. Hasta ahora, pareciera que en las diferentes modas de autoconocimiento y de exploración personal se nos invitaba a analizar nuestras emociones, nuestras creencias u opiniones, nuestra autoimagen, etc. En la organización se nos invita a identificar nuestro estilo como trabajador para averiguar si somos un *maker*, un *follower* o un líder. Pero pocos han puesto el pensamiento en el centro de la mesa y lo han alumbrado con un buen foco.

Hemos iniciado el capítulo con la rotundidad de la frase: no podemos dejar de pensar. Si lo hacemos mal, las decisiones serán continuamente erráticas. Sin embargo, conviene aclarar otro punto. Recuerdo justo ahora mismo la frase popularizada por algunos libros de autoayuda que, no obstante, hunde sus raíces en sabiduría milenaria: «No eres tus pensamientos». Lo que somos como seres humanos no se puede reducir a nuestros pensamientos. Identificarnos con ellos nos limita y aprisiona. Pongamos un ejemplo: si le deseo mal a una persona en un momento en que estoy cabreada y mis pensamientos se concentran en posibles situaciones adversas que anhelo que esa persona sufra, no puedo concluir tan fácilmente que soy una mala persona e identificarme plenamente con ese pensamiento. Hasta ahí, no soy mis pensamientos. Sin embargo, hasta cierto punto, la afirmación contraria también es cierta: somos nuestros pensamientos. Es decir, si tenemos pensamientos envidiosos, sesgados o egoístas hacia esa persona y hacia otras, y es así muchas veces, durante mucho tiempo, en diferentes ocasiones, con diferentes personas, muy probablemente nuestro ser se tiña un poco de un color parduzco y de esa tiña se desprendan acciones simplistas e injustas.

*No eres lo que piensas y por eso eres capaz de hacer que eso que piensas esté mejor pensado.* Actuamos como si la forma en que pensamos estuviera dada, ya entrenada, como si llegara a tu mente desde un origen divino que no hay que cuestionar. Reconozcamos de una vez por todas que «todo el mundo piensa; es parte de nuestra naturaleza. Pero, mucho de nuestro pensar, por sí solo, es arbitrario, distorsionado, parcializado, desinformado o prejuiciado. Sin embargo, nuestra calidad de vida y de lo que producimos, hacemos o construimos depende, precisamente, de la calidad de nuestro pensamiento. El pensamiento de mala calidad cuesta tanto en dinero como en calidad de vida. La excelencia en el pensamiento, sin embargo, debe ejercitarse de forma sistemática», como nos advierte de nuevo la Critical Thinking Foundation.

El proceso de pensar sobre cómo pensamos es desconocido para nosotros. Seguimos los pasos inconscientes que nuestra mente nos ha dictado y los hacemos mecánicamente, sin cuestionamiento, influidos por nuestros hábitos de pensar provenientes de la educación, de años de entrenamiento en formas de pensar culturales, pero también por nuestro tipo de inteligencia y, cómo no, por nuestra manera única de procesar la información. Esto último, nuestra manera única de procesar la información, nuestra forma propia y personal de pensar es una búsqueda interior excitante. Si nos proponemos esta indagación, descubriremos posiblemente elementos sorprendentes de nuestra forma de pensar y podremos identificar lugares que necesiten revisión, como aquellos dolores de los que hablábamos hace un momento. Esta indagación sobre tu pensamiento es toda una fuente ilimitada de recursos y sabiduría.

Hemos esbozado algunos dolores comunes, pero no todos pensamos igual. Algunas personas, al pensar sobre una decisión importante, recrean en su mente todo tipo de escenas pasadas de situaciones parecidas, o visualizan qué pasará en el futuro.

Ambas visualizan imágenes pero, en el primer caso, de experiencias pasadas y, en el segundo, de experiencias futuras. Otras personas acuden al rey Google: primero recogen información para después ir configurando su propio criterio, incluso pueden hacer una pormenorizada búsqueda de fuentes alternativas, referencias artísticas y musicales para también influir en sus emociones o ánimo en el propio proceso. Están los que piensan desde sus propios conceptos, más en abstracto desde el principio y luego van bajando hasta tocar suelo. Y quienes lo primero que hacen es preguntar a su madre o a su padre, valerse de opiniones de otros para ir esclareciendo o amoldando su sentir.

Descartes, el filósofo francés famoso por su «Pienso, luego existo», llegó a mis manos siendo yo muy joven. Ya me interesaba el pensamiento y su orden, aunque todavía ni siquiera era capaz de saber exactamente qué disciplina se dedicaba a esto. Uno de los aspectos más interesantes de Descartes es que después de viajar durante varios años se retiró a vivir solo y tranquilo en los Países Bajos para centrarse en la filosofía; ahí, observando lo que le rodeaba, preguntándose por lo que veía y percibía, haciendo que su mente lo organizara, y también valiéndose de las revelaciones que tuvo en sueños, sacó conclusiones que pasaron a la historia. Y si bien no son quizá las conclusiones más integradoras de la historia de la filosofía por su dualismo —la separación entre cuerpo y mente, emoción y razón que aquí objetaremos—, su valentía, al explorar cómo su mente pensaba y analizaba la realidad y al mostrarnos el poder de lo que hay dentro de nosotros, nos debe inspirar. No tengamos miedo a mirar cómo pensamos, a indagar nuestra forma de procesar, ordenar y valorar la información.

 Trata de explicar a alguien cómo piensas. Para ello recuerda la última gran decisión que tomaste y explica los pasos que seguiste para pensarla. Explica en detalle y con claridad esos pasos. ¿Sueles seguir esos pasos para todas las decisiones? ¿Cuál de los pasos que has descrito tiene más importancia para ti?

## HACIA UNA NUEVA RACIONALIDAD

La razón ha sido entendida como la capacidad superior del ser humano. Debajo de ella estaban las pasiones, que había que dominar. Este paradigma de seres duales (con razón y emoción separadas) nos ha acompañado durante siglos. Cierto es que otras culturas y filosofías han preservado a un ser humano completo; sin embargo, ese deseo integrador parece escurrirse entre los dedos continuamente. La inteligencia emocional vino a intentar acercar posturas, aunque, de nuevo, empleando términos como *control* o *gestión,* que dejaban a la emoción en una posición sumisa. Nuestra cultura parece no necesitar el cuerpo para pensar, sino que solo lo cuida para lucir bien y alargar la vida. Prácticas como el yoga, cuyo origen demuestra su carácter integrador, se reducen a herramientas de control de la ansiedad. Y es que nuestro concepto de racionalidad bien podría definirse como instrumental. La Escuela de Frankfurt representa un movimiento filosófico donde un grupo de intelectuales entre los años 30 y 50 del siglo XX fueron muy críticos con lo que sucedía en el mundo y con el concepto de razón que imperaba. Ellos hablaron entonces de *razón instrumental.*

La racionalidad instrumental alude a una razón calculadora e instrumental que nos sirve para alcanzar nuestros fines egoístas como individuos y como especie superior. Esta forma de entender la razón no solo nos ha impulsado a dominar a la naturaleza, sino a dominarnos los unos a los otros y a ser meros medios en la dinámica productiva. Es una razón maximizadora de beneficios que alude a mecanismos asépticos de razonamiento, sin intromisión de las emociones, el cuerpo u otras fuentes desconocidas. Según esta racionalidad, pensar se reduce a lo analítico, al cálculo que logra objetivos medibles, con valor para el mercado y con menor gasto de recursos y tiempo. «Es como si el pensar mismo se hubiese reducido al nivel de los procesos industriales sometiéndose a un plan exacto; dicho brevemente, como si se hubiese convertido en un componente fijo de la producción», dicen Horkheimer y Adorno, dos filósofos de dicha Escuela en *Dialéctica del iluminismo*. Esta racionalidad ha calado en nuestras vidas hasta extremos ridículos. Ahora nos encontramos con un planeta dañado, una exigencia de producción diaria insostenible para las personas y una obsesión por la consecución de objetivos. Hemos perdido el humanismo. Los intentos por acoger las emociones, integrar el cuerpo y atender al cuidado del planeta y de los demás seres tan solo parecen tiritas que no contienen la enorme hemorragia. Estos ensalzan la emoción facilona y el sentimiento irreflexivo, sin autoconocimiento, reforzando de nuevo esa instrumentalización. En este apartado objetaremos ese dualismo de origen que afectó a la definición de *razón* y trataremos de esbozar las líneas sobre las que debería perfilarse una nueva racionalidad. No creo que la nueva racionalidad sea una nueva definición teórica que adoptar, sino un nuevo paradigma con el que empezar a mirar y a actuar. Confío en que este libro pueda contribuir en este sentido.

Descartes fue valiente para pensar desde sí mismo pero también cometió el gran error de la civilización occidental. Un neurocientífico y médico llamado António Damásio en 1994 destapó el patinazo cartesiano. Según Damásio el error reside en que se ha considerado, durante siglos, que las emociones estorban en el procesamiento racional. Sin embargo, las investigaciones de Damásio apuntan a algo muy diferente. Aunque en ocasiones las emociones y sentimientos producen interferencias poco sabias, también la ausencia de estas, es decir, la sola acción de la razón, produce errores y decisiones insanas y disfuncionales. Damásio nos advierte en su obra *El error de Descartes* que «la razón puede no ser tan pura como muchos suponemos (o deseamos); que emociones y sentimientos quizás no son para nada intrusos en el bastión racional: que acaso estén enmarañados en sus redes para mal y para bien. Las estrategias racionales del ser humano, maduradas a lo largo de la evolución (y plasmadas en el individuo) no se habrían desarrollado sin los mecanismos de regulación biológica, de los que son destacada expresión las emociones y los sentimientos. Además, aun después de que la facultad de razonamiento llegue a su madurez, pasados los años de desarrollo, es conjeturable que su pleno despliegue dependa significativamente de la capacidad de experimentar sentimientos».

En definitiva, *emoción* y *razón* son partes del mismo sistema y actúan ayudándose mutuamente en la toma de decisiones. Un pensador crítico (y veremos prueba de todo esto en detalle más adelante) es un pensador que hace gala de una racionalidad sensible: es un pensador crítico y ecuánime, analítico y virtuoso. La racionalidad imperante hasta ahora se entendía como un cálculo aséptico que maximizaba beneficios y nos avocaba a tomar la decisión más productiva. En su versión más suave, es una racionalidad que te hace buscar lo sano, lo funcional, que gestiona adecuadamente las emociones, que no se deja arrastrar por impulsos encontrando analíticamente la mejor decisión. Pero ¿qué falta en esta forma de entender las cosas? La racionalidad que defendemos aquí abraza las partes del sistema como iguales, componentes sin cuya función no se puede pensar críticamente. No existe un elemento *razón* y otro *emoción*, sino que la racionalidad, como la habilidad humana de pensar, se compone de todos esos elementos que engranados nos permiten ser más críticos.

De esta forma, la racionalidad no se reduce a lo instrumental ni a lo aséptico, a lo calculado ni a lo desprovisto de interferencias. Las interferencias, si lo seguimos llamando así, son parte del propio sistema. Nadie diría que tomar la decisión de estar con la persona a la que amas es irracional. Quizá diríamos que lo es si la relación es tóxica o insana. Pero una persona entrenada en pensamiento crítico será consciente de esa particularidad de su relación, incluso si decide mantenerla. Una relación tóxica se evita no por la razón instrumental, sino por una razón sabia y sensible que te avisa desde el cuerpo hasta la cabeza del daño que eso te produce. ¿Por qué tomamos esas decisiones entonces? ¿Por qué, por ejemplo, decidimos a veces estar en una relación tóxica? Porque el ser humano es complejo y muchas veces decide ignorar señales; se engaña en sus propios procesos, satisface necesidades que le son más urgentes en ese momento y, en última instancia, simplemente, porque decide elegir así. No pretendemos explicar aquí la toma de decisiones de manera exhaustiva. Este libro aspira a ser una invitación a reflexionar sobre las actividades que funcionan en ese proceso de pensar de forma integradora para que nuestras decisiones sean más conscientes, más coherentes, más éticas, más felices y más sabias.

«La mente tuvo que referirse primero al cuerpo; si no, no habría podido existir», clama Damásio de nuevo. Desoímos al cuerpo. Pondré un ejemplo de nuevo del mundo de las relaciones. Cuando tenemos una pareja y la relación hace aguas, generalmente nuestro cuerpo nos avisa primero, experimenta un rechazo, un evitamiento hacia esa persona. Puede que ya no queramos besarla o tocarla tanto y en casos más extremos podemos sentir incluso asco. A veces experimentamos señales en diferentes partes de nuestro cuerpo, generalmente aquellas que están involucradas en la relación amorosa. Nosotros, acostumbrados a desoír, atribuimos las cuitas del cuerpo a numerosas causas: me encuentro hoy raro, me sentó algo mal, será una bajada de defensas. Muy dentro de nosotros, hay una intuición profunda que nos habla, pero no escuchamos. Nos interesa no hacerlo, a veces nos cuesta aceptarlo. El cuerpo se da cuenta muy rápido, la mente y el procesamiento emocional necesita tiempo para aceptar y digerir. Pueden pasar meses, incluso años, hasta que se tome la decisión de separar la pareja. Por supuesto que los motivos por los que una pareja sigue junta o se separa son variados y no pretendo aquí reducirlos a la atracción física. Pero creo que el ejemplo ilustra bien cómo el cuerpo sabe cosas antes de que la mente lo sepa y cómo de grande es la desconexión que tenemos con lo que nos pasa, con nuestro ser, que es también corporal.

No solo los neurocientíficos han contribuido a desmoronar la teoría de la razón instrumental dominadora, también la psicología y la economía han contribuido a su desmitificación. En la toma de decisiones, la teoría clásica de la racionalidad perfecta nos habla de que el ser humano tiene su capacidad racional intacta, posee toda la información disponible y puede tomar la mejor decisión ante una situación. Las primeras críticas a estos modelos de racionalidad omnipotente surgieron a finales de los 60 del pasado siglo cuando empezaron a publicarse investigaciones y teorías que nos conducían a otra creencia muy diferente: que el ser decisor no es racional totalmente, sino que trata de serlo con lo que tiene disponible. En esta línea surge la teoría de Herbert Simon de la racionalidad limitada: los seres humanos tomamos decisiones con una *racionalidad limitada* por nuestra capacidad de percepción, por nuestra memoria, por la información disponible, por el contexto, etc. Un poco más adelante, en el 79, surge la teoría de Kahneman y Tversky que se popularizó en el libro de 2011 *Pensar rápido, pensar despacio,* escrito por el primero. Para ellos, las personas hacemos una evaluación sesgada de beneficios y riesgos sobre lo que implican nuestras decisiones y sobre lo que sucederá en el futuro. Es muy interesante cómo ambos autores se embarcan en un estudio de los sesgos que más distorsionan nuestra toma de decisiones. Ahora bien, estos primeros intentos de criticar la noción antigua de racionalidad donde la clave está en su limitación parecerían intentos de acotar el poder de la razón instrumental. Estas teorías apuntan a aspectos que debemos tener en cuenta en la toma de decisiones y que exploraremos en el capítulo correspondiente más adelante. Pero ¿es la *racionalidad limitada* el concepto que mejor refleja una racionalidad amplia e integradora? La investigación de este tema en profundidad excede los objetivos de este libro, pero confío en que estas reflexiones nos ayuden a cuestionarnos este asunto.

No queremos ser perfectos pero sí queremos ser auténticos con lo que somos. Lo que sí tenemos claro es que no todo el acceso al mundo se produce a través de la razón instrumental. Diversos pensadores en la historia han rescatado el papel de la intuición y de otras formas de acceder a la información. Bergson, un pensador francés que se caracteriza por su sensibilidad para comprender aspectos sutiles de la existencia, distingue entre *pensamiento* e *intuición*. El pensamiento, para él, se asemeja a nuestra noción clásica de pensamiento, sistematizable por completo y cuantificable: el conocimiento de lo material y lo externo. Sin embargo, la intuición quiere abarcar otro tipo de experiencia. Tomando nuestro ejemplo del cuerpo que sabe que una relación hace aguas, podríamos decir que esa experiencia cae en ese terreno. Sabemos algo, captamos con simpleza y de forma certera su verdad. Bergson nos diría: «Lo que nos llevaría al interior mismo de la vida sería la intuición, es decir, el instinto vuelto desinteresado, consciente de sí mismo, capaz de reflejar sobre un objeto y de ensancharlo indefinidamente». Hay momentos en que miras un paisaje y comprendes su misión, su profundidad, su significado. Te fundes con él y comprendes su sentido. En esas ocasiones, parece que puedes introducirte en la dinámica del objeto (o sujeto) que tienes delante, que captas su esencia; parece que su verdad se te revela. Hace años había una serie que se llamaba *Héroes*. Los diferentes personajes tenían superpoderes que iban descubriendo a lo largo de los capítulos. Uno de los personajes que, por cierto, era un villano (empleaba sus poderes para el mal), se llamaba Sylar. Sylar era capaz de entender el poder de otro superhéroe, de entender el funcionamiento del poder que el otro poseía, mirando su cerebro abierto. Comprendía su mecanismo y se fundía con él, adquiriendo dicho poder. Nuestras comprensiones intuitivas a veces toman esa forma, como si de repente comprendieras el funcionamiento de algo que está más allá de ti pero con lo que te puedes comunicar en el mismo lenguaje.

En nuestra vida cotidiana tenemos experiencias de ese tipo, muchas que escapan a la explicación de una racionalidad más limitada. Hay preguntas que nadie quiere hacer en voz alta. ¿Cómo es posible que la mujer embarazada tenga experiencias intuitivas esclarecedoras sobre su estado? ¿En qué consisten las experiencias extrasensoriales o místicas? ¿De qué hablan los sueños? ¿De qué habla la experiencia estética? ¿Cómo puedes comprender a alguien mirándole a los ojos? ¿Cómo es la comunicación con otro ser vivo no humano, un árbol o un perro? Responder a estas cuestiones excede el alcance de este ensayo, pero reconocer en nosotros una racionalidad más sensible y amplia nos permitirá comenzar a quitarnos la venda ante muchas realidades. Bergson no fue el único, también Pascal nos habla del espíritu de finura, de otro modo de conocer, de acceder al mundo que difiere del espíritu de geometría: «Pero en el espíritu de finura, los principios son de uso común, y están ante los ojos de todo el mundo. No es menester volver la cabeza ni hacerse violencia; basta tener buena vista, pero es menester tenerla buena de veras; porque los principios están tan desleídos y son tan numerosos, que es casi imposible que se nos escapen».

La contribución más completa para entender este nuevo paradigma de racionalidad probablemente viene de María Zambrano, una gran pensadora española. A la definición de razón imperante, la que hemos descrito como razón instrumental, dominadora de la naturaleza y los seres, ella añade la *poesía*. La poesía nos ayuda a entender la realidad desde otra vía, a esa captación de la que hemos hablado más arriba. No en vano, lo *poético* (de donde viene *poesía*) alude al desvelamiento de la verdad, al hacer presente lo no presente. Diríamos más coloquialmente que la poesía capta lo no tan obvio, lo que un cálculo de lo visible y medible no captaría. Zambrano en *Claros del bosque* recoge precisamente en poéticas palabras lo que tratamos de expresar con esta nueva orientación de la razón: «Hay que dormirse arriba en la luz. Hay que estar despierto abajo en la oscuridad intraterrestre, intracorporal, de los diversos campos que el hombre terrestre habita: el de la tierra, el del universo, el suyo propio».

En este sentido, podríamos decir que el entendimiento del mundo necesita de la poesía, de la intuición, de la espiritualidad, del mundo onírico, del mundo emocional. Con Zambrano y su razón poética abrimos la puerta de nuevo a las humanidades, como disciplinas que nos proporcionan información valiosa y formas certeras de acceder a la verdad.

Concluyendo, el concepto de racionalidad no es limitado, sino mucho más amplio, integral y complejo de lo que nos habíamos imaginado. También es más misterioso, inasible y rico, pero vivenciarlo desde tal integración es más justo con nuestro ser y el universo. A lo largo del libro comprenderemos cómo esta nueva racionalidad facilita el despliegue del pensamiento crítico.

# LA PARADA DEL PENSAMIENTO CRÍTICO.
## ¿POR DÓNDE EMPEZAR A SER UN PENSADOR CRÍTICO?

En el lenguaje común, ser una persona crítica se asocia con alguien que está continuamente poniendo el dedo en la llaga en toda situación, señalando fallos o errores, analizando en busca de pegas, buscando detalles que no cumplen la norma o que no innovan lo suficiente, y todo con un tono que nos resuena a gran poseedor de la verdad. Por todo ello, en nuestra mente, aparece más la imagen de un gruñón o un quejica y, en todo caso, de alguien muy analítico y encabezonado con su única verdad. Un pensador analítico egoísta, diríamos ahora. En su versión más positiva, aquellos más familiarizados con procesos de creatividad verían el pensamiento crítico como un proceso que no puede generar nada nuevo o excéntrico (fuera de su centro, de su dominio, de su marco) por representar más un proceso deconstructivo que busca poner a prueba lo que existe e identificar espacios para la mejora, que crear nuevas fórmulas originales.

Bjung Chul Han es un pensador contemporáneo coreano que reside en Alemania y que ha radiografiado con agudeza nuestra sociedad actual. Han nos advierte que vivimos en una sociedad de la positividad. Este tipo de sociedad se caracteriza por la abundancia de lo idéntico, la negación de lo diferente y lo contrario, por la superproducción, el superrendimiento y la supercomunicación. Reflejo de esa sociedad es el recelo que despierta el pensamiento crítico en contraste con las alabanzas que recibe el pensamiento creativo. Sin embargo, asistimos también a una tímida pero firme recuperación de este espíritu crítico, donde la filosofía halla su sitio y por doquier vemos publicaciones, artículos, conferencias y voces filosóficas llamadas a diagnosticar, comprender y darnos visiones que difieran de lo imperante, que nos hagan pensar y crecer más allá de las modas, el *marketing* y la posverdad. Ante esta amalgama de significados y matices asociados al pensamiento crítico, ante la intuición certera de que lo necesitamos como humanidad y tomando las páginas previas como base, me propongo comenzar a recorrer su camino y hablar del primer paso para comenzar a ser un pensador crítico.

Me levanto por la mañana y miro los *whatsapps*, tengo que deducir el estado de ánimo de mi amiga por su emoticono de ojos hacia arriba. Entro en Twitter, leo varios tuits (realidad sesgada comprimida en reducidos caracteres) y ya alguien me pregunta: ¿qué piensas de lo último que ha salido? Varios *clickbaits* me acechan desde mi *feed* del teléfono, mezclando varios temas que parecen interesarme (salud, filosofía, actualidad, ajedrez). Tampoco mi realidad no virtual admite mucha pausa: hay que terminar de vestir a los niños, preparar almuerzos... Unos abrazos y besos y ya se han ido. ¿Es posible ser un pensador crítico así?

En 1910 John Dewey definió el pensamiento crítico como «la suspensión del juicio» y especificó que «la esencia de esta suspensión es indagar para determinar la naturaleza del problema antes de proceder». Me imagino a Dewey, filósofo y pedagogo americano muy comprometido con la educación, tratando de ir a lo simple, harto de definiciones más abstractas sobre las habilidades que debe desarrollar un pensador crítico. Volvamos a la definición de Dewey, ¿qué significa suspender el juicio? Cuando abrimos las noticias, cuando leemos ese tuit mañanero, ese comentario de un colega en el grupo de WhatsApp del trabajo o cuando acabamos de conocer a alguien, o vemos por primera vez a un ponente por Zoom o al nuevo compañero de trabajo, lo primero que hacemos, antes incluso de escuchar bien, probablemente sea emitir un juicio. Puede que no lo hagamos en voz alta, salvo si nuestra amiga del alma está sentada justo a nuestro lado. Nos lo hacemos a nosotros mismos; silencioso e inofensivo, creemos. Sin embargo, ese juicio actúa como un velo sobre nuestra capacidad crítica e inhibe nuestra predisposición a abrirnos a esa información y entablar una diálogo con ella. Dewey nos proponía algo bien diferente. Nos invitaba a parar, a suspender todo juicio y a darnos tiempo y espacio. A veces ese tiempo me lo imagino como si pegáramos una banda elástica pegajosa (como un chicle) en la información de inicio (en la noticia del móvil o sobre la persona que veo en este momento) y comenzara a estirarla. Si no la estiro, al querer acercarme me quedaré pegado sin poder tener recorrido entre la información y yo. Si la estiro puedo empezar a recorrer la banda, que se hace cada vez más suave, deslizable, traslúcida. En esa banda estirada hay espacio para muchas cosas: escuchar, recabar más información, hacerme preguntas, identificar mis sesgos, construir ideas con las del otro, etc. Ese camino creado gracias a la banda nos permite el asombro, asombrarnos ante lo otro, ante esa información. Dewey asiente a ello también: «El origen del pensamiento se encuentra en una perplejidad, una confusión, una duda. (…) La exigencia de solución de un estado de perplejidad es el factor orientador y estabilizador de todo el proceso de reflexión». No en vano el asombro es el genuino origen de la filosofía.

Al bajar el ritmo, al tener que caminar despacio por un camino más largo, no somos presa tan fácil del pensamiento automático, que bien puede funcionar para escapar de un peligro en la selva pero que no se revela tan valioso en nuestras actuales situaciones complejas. Bajando el ritmo, entramos en la vía de la contemplación y no de la producción. Ya no es necesario dar una opinión rápida, posicionarte ante la última noticia de actualidad, tomar partido por alguien de inmediato. No necesito tener una opinión de todo ni *postear* la imagen de mi desayuno con una frase lúcida y perfecta para impactar. Necesito simple y llanamente darme tiempo para pensar.

Cuando en marzo de 2020 en España se nos confinó en domicilios de un día para otro por la COVID-19, se sucedieron posicionamientos ante la nueva situación de inmediato. Intelectuales, periodistas, activistas, sanitarios, etc., expresaban su opinión y su postura. Quitando las recomendaciones de salud a tientas, de ensayo y error pero bien necesarias, muchos de estos posicionamientos y sus argumentaciones se caían a los pocos días. Yo recuerdo ser preguntada y sucumbir en mi mente a esa presión: como filósofa debía decir algo. Sin embargo, solo pude callar y pensar. Pasó un tiempo antes de que pudiera arrojar alguna idea. Con esto quiero insistir en que desde fuera parece que un buen espíritu crítico es aquel que pone a funcionar de inmediato la maquinaria del juicio. Esa persona que tiene opinión sobre cualquier tema, en cualquier situación. Sin embargo, la activación del juicio de esta forma, paradójicamente, nos sumerge y ahoga en un mar cerrado de opinión, verdad única, sesgos aprendidos y reacciones exageradas. Y, en cambio, solo esa suspensión del juicio, que parte de un asombro y que deriva en una contemplación, nos permitirá poder entrar de forma auténtica en procesos de pensamiento crítico, en diálogos de búsqueda de la verdad, en formas creativas de abordar problemas y, por ende, en una forma más sana y sabia de habitar el mundo.

Comencemos, pues, a adentrarnos en cada una de las actividades del pensamiento crítico para pensar estos tiempos revueltos.

# CAPÍTULO 2

# La vida está llena de problemas

En la actualidad, muchas veces me veo como *El caminante sobre el mar de nubes* del pintor romántico Caspar Friedrich. El caminante, que bien puede representar a cualquiera de nosotros, a la humanidad entera si se quiere, mira al mundo, a ese paisaje natural de nubes y picos que lo sobrecoge y abruma con su fuerza y magnificencia. La naturaleza le hace sentir pequeño y mortal, las nubes le impiden ver lo que hay debajo. Nosotros también miramos al mundo, algunos apenas vemos la naturaleza en él. Pero sí nos sentimos como ese caminante: las nubes no nos dejan ver con claridad, el mundo es borroso debajo de ellas, los riscos nos acechan y, sin embargo, ya ahí no dejamos de preguntarnos. ¿Salto? ¿Trato de bajar? ¿Me doy media vuelta?

Al borde del acantilado sobre ese mar de nubes, nosotros, caminantes, abrazaríamos lo que Ortega y Gasset puso en estas palabras en su ensayo *Esquema de la crisis*: «No sabemos lo que nos pasa, y eso es precisamente lo que nos pasa». El mundo que nos toca es cada vez más complejo e intrincado, la sensación es pesada y confusa. Sentimos que todo son problemas y a la vez no sabemos cuáles son exactamente esos problemas. Sin embargo, aunque la borrosidad nos empañe la visión, si reavivamos nuestro asombro originario, este nos guiará naturalmente hacia preguntas, hacia retos que enfrentar y problemas que solucionar. El ser humano no puede caer en la indiferencia ante la complejidad borrosa, sigue queriendo escuchar, entender, comprender y lanzar sus cuestiones al mundo. En este capítulo propondremos un cambio radical de mirada acerca de cómo tratamos los problemas, entendiendo que estos se pueden transformar en poderosas preguntas que nos movilicen en la buena dirección.

## TODO SON PROBLEMAS

Me gusta pensar que los filósofos siempre han sido aquellas personas que miraban la realidad, el universo, el cosmos, a los seres humanos, sus acciones, sus pasiones y su razón, y veían problemas por todas partes. ¡Ahí están los filósofos haciendo problemas de todo, comiéndose el tarro ante la más nimia cuestión! Y, sin embargo, eso no deja de mostrar la valentía que siempre los ha animado a lanzar sus preguntas al mundo. Porque, al mirarlo, este les ha interpelado, les ha planteado retos, nudos, decisiones que tomar, acciones que emprender. Y sin miedo han decidido encarar la realidad proponiendo sus preguntas, formulando sus problemas, problematizando lo obvio, cuestionando el *statu quo*, no dando por sentado ningún escenario ni ningún resultado. Y es que, en mi opinión, todos somos filósofos.

Cada día de nuestra vida hemos de dar respuesta a la realidad. Para hacerlo nos enfrentamos con un sinfín de dilemas. ¿Qué desayunar: un bollo de chocolate o una tostada con aguacate? ¿Cómo encarar hoy esa reunión delicada con ese cliente? ¿Cómo lidiar con la rabieta de mi hijo al vestirse? ¿Cómo sobreponerme al cansancio de después de comer? ¿Cómo contarle a mi amiga, que pasa por un mal momento, la buena noticia que me han dado hoy? ¿Cómo consigo llegar a fin de mes? Nuestra mirada sobre la realidad nos obliga a ver nudos y fricciones por todas partes. El espíritu filosófico de preguntarnos y hacernos las más importantes preguntas y también las más elementales es de todos. Todos somos filósofos y no podemos dejar de filosofar. Los niños crecen lanzándonos una pregunta tras otra, sin darnos tiempo casi para respirar. Solo así satisfacen su asombro ante lo que ven, solo así pueden encarar la realidad y aprender del mundo. Con la edad, preguntar se vuelve incómodo: nos revela nuestra ignorancia, nos arroja al abismo del no saber, de no tener respuestas, nos asoma a lo desconocido e incierto, nos califica de impertinentes. Nuestra cultura no fomenta la verdadera pregunta, si acaso solo una curiosidad malsana y desenfocada. Vivimos en la *sociedad de la solución* y no en la *sociedad de la pregunta*. Pronto profundizaremos sobre esta idea.

La vida, por tanto, está llena de problemas. Pese a las connotaciones negativas y los intentos de nuestra cultura por reemplazar esta palabra por cualquier eufemismo de diseño (reto, oportunidad), un problema es la denominación genérica para hablar de una inquietud, una pregunta, un enigma, una molestia, un nudo, una decisión que tomar. Los problemas surgen de la fricción con la realidad, de las ganas de entenderla y actuar en el mundo. Y de nuevo todos tenemos esas ganas, así que los problemas son la forma de poner en concreto las ganas de entender y actuar sobre la realidad. En definitiva, el que tiene problemas y se hace preguntas tiene ganas de vivir. Definamos algo más lo que he llamado la *sociedad de la solución*, para más adelante adentrarnos en la definición de problemas y la formulación de buenas preguntas.

# LA SOCIEDAD DE LA SOLUCIÓN

Recordemos el concepto de razón instrumental que introducíamos en el capítulo anterior. La razón instrumental hace de la razón un instrumento, un medio para dominar a la naturaleza, a los otros seres humanos y para conseguir bienes materiales. La razón es un medio para llegar a otro sitio diferente, a un final donde podamos hacer lo que queramos con el planeta y con los demás, y lograr todas las cosas soñadas. Esta razón no es una razón que permanece o acepta su primer destino, es decir, no es una razón que contempla, no es una razón que se asombra, que se cuestiona o que para. La carrera por llegar antes y mejor al segundo destino, a ese otro sitio diferente, a la tierra prometida es frenética. Lleguemos antes, con más beneficio y menor coste, a la solución, pareciera decirnos. Si hace falta usarnos a nosotros mismos como medio, hagámoslo. Lo importante es llegar al final del camino, sea este la tierra prometida, la fama, la riqueza, el éxito, el cuerpo perfecto o una cuenta con miles de seguidores. Así que «cuando logre esto…», «cuando esto pase…», «cuando me ponga en forma…», etc., lograremos reconocernos en ese ideal de plena efectividad, eficacia y, por fin, seremos felices. Pero en esta forma de vida se nos olvida la ilusión del comienzo, la gana, vencida ahora por la apatía. La chispa y el asombro que nos hizo admirarnos ante lo que teníamos delante, que nos hizo querer comprender, que nos suscitó preguntas y nos activó para actuar sobre la realidad, desaparece. Se nos olvidó aquello que lo inició todo: el asombro.

No hay espacio para el asombro si la competición de estímulos es tal que no puedes parar y contemplar. La gana, la capacidad de asombro y la pregunta se nos ha olvidado tanto que apáticos, como parejas aburridas que ya no tienen energía para robarse un beso improvisado, nos sentamos pasivos en el sofá. El filósofo alemán Heidegger nos habla del asombro como el origen y lo que domina la filosofía hasta el final. «Al asombrarnos nos demoramos en nosotros mismos (…). En cierto modo retrocedemos ante el ente, ante el hecho de que es, y de que es así y no de otro modo». Ante los entes, ante las cosas, retrocedemos, nos demoramos y ahí nos maravillamos. El asombro implica parada. El mundo que tenemos delante derrocha belleza y riqueza, solo que pocas veces lo vemos así. Hemos de callar, mirar y admirar; dejarnos permear, llevar por la brisa, respirar el aire hacia dentro de nuestros pulmones; salir de la inercia automática, poner nuestros sentidos a escuchar; dejarnos refrescar por las miradas a nuestro alrededor. Os confesaré que disfruto mucho los momentos en que observo a mi alrededor y me paro ante cualquier acontecimiento pequeño y sutil que sucede: hay miradas de complicidad entre desconocidos, apenas duran segundos, pero los miles de significados contenidos en ellas junto con la vitalidad de la escena, de la vida en movimiento, muchas veces me hacen ya sonreír durante un día entero. Por el contrario, cuando entro en el metro y nos veo parapetados tras nuestros dispositivos, enfrascados en nuestros móviles, con los ojos opacos, sin brillo, pienso en que esta forma de vida nos priva de la capacidad de asombrarnos. Y tras esa incapacidad vienen la falta de gana, la apatía, la desmotivación y, de ahí, la ausencia de cuestionamiento y de preguntas.

 Busca entre tus problemas actuales aquellos en los que te has concentrado en el objetivo final, en lo que pasará cuando alcances la solución. Trata de dejar espacio ahí. Trata de no verlos ligados a ese resultado final. Y permanece en ellos.

Viktor Frankl, psiquiatra y superviviente de los campos de concentración, nos dice que el hombre del siglo veinte ha perdido algunos de los instintos que le impulsaban en el hacer en su vida y las grandes tradiciones que le indicaban lo que debía hacer. Y nos advierte que ahora el ser humano, «en su lugar, desea hacer lo que otras personas hacen (conformismo) o hace lo que otras personas quieren que haga (totalitarismo)». No es difícil entender cómo esa razón instrumental encajó perfectamente aquí, al servicio del consumo y las grandes ideologías. Más recientemente Lipovetsky, filósofo actual, ha hablado de la indiferencia que nos caracteriza: «El hombre *cool* no es ni el decadente pesimista de Nietzsche ni el trabajador oprimido de Marx, se parece más al telespectador probando por curiosidad uno tras otro los programas de la noche, al consumidor llenando su carrito, al que está de vacaciones dudoso entre unos días en las playas españolas y el camping en Córcega. La alienación analizada por Marx, resultante de la mecanización del trabajo, ha dejado lugar a una apatía inducida por el campo vertiginoso de las posibilidades y el libre-servicio generalizado; entonces empieza la indiferencia pura, librada de la miseria y de la "pérdida de realidad" de los comienzos de la industrialización».

Indiferentes, sin tiempo ni capacidad para asombrarnos y con mucho tiempo y capacidad para estar inmersos en dinámicas prehechas y tecnológicas, cualquier problema nos incomoda. Los problemas nos causan emociones que no nos gustan. Son emociones que tratamos de eliminar rápidamente de nuestra mente para no perder el *buen rollo* o el positivismo. Tener un problema es habitar la incertidumbre, mirar al abismo de la no respuesta, mirar al mar de nubes; es confusión, borrosidad. Lo borroso nos dispara la inquietud, el enfado, la tristeza, la ansiedad, la tensión. Nos obliga a parar, a buscar y a esforzarnos. No queremos estar inactivos, no producir; de hecho, nuestra mente suele pensar que es mejor hacer algo, sea lo que sea, que no hacer nada. El problema, sin embargo, no suele poder resolverse en la inmediatez, desde luego no los más importantes. Presos de la impaciencia, preferimos escapar, huir y saltar rápida e indoloramente a la solución. Queremos ya embarcarnos en la actividad de solucionar, ahí nos sentimos bien y creativos, todo son emociones positivas, sube la dopamina, nuestro ego se sale del marco, nos sentimos los amos de nuevo, nos colocamos en la certidumbre, creemos tener razón, ya no hay nubes. Recuperamos el control.

Esta secuencia es habitual cuando no queremos estar demasiado tiempo pensando sobre una cosa porque *nos rayamos,* decimos. Cuando nos viene nuestro amigo con un problema y prestos nos ponemos a ofrecerle soluciones. Es aún más grave: si pensamos más de la cuenta en el problema, sentimos que perdemos el tiempo. Pareciera que el mundo está lleno de soluciones y que debiera vaciarse de problemas. Todo parece tener una solución. ¿Tienen todos los problemas solución? Me gusta ilustrar esta reflexión con un pequeño cuento que leí en un libro de un controvertido y sin duda interesante personaje, Osho. El cuento reza más o menos así: un matemático fue a una tienda de juguetes a comprar un regalo para su hijo de 8 años. «Quiero un rompecabezas», le dijo al dependiente. Este le sacó uno y el matemático se puso a intentar resolverlo. Pero no podía. Al cabo de un tiempo le dijo al dependiente «¿Cómo me da este rompecabezas para mi hijo de 8 años si yo, que soy matemático, no puedo resolverlo?». «Pues para que su hijo aprenda, desde bien pequeño, que hay problemas en la vida que no se pueden resolver».

Fijémonos en otro ejemplo. ¿Cómo enfrentamos la muerte en Europa, por ejemplo? Nuestra medicina nos ha hecho más resistentes a virus y bacterias, y más longevos. Sin embargo, no somos invencibles; últimamente nos queda más claro. La razón instrumental cree que puede dominar a la muerte también. Hemos crecido pensando que era una cuestión de tiempo, de avance de la ciencia y la tecnología. Algunos hasta sueñan con que la propia muerte tenga una solución: Microsoft ya ha anunciado la posibilidad de crear un avatar de tu familiar muerto y poder chatear con él. Hay incluso otra alternativa: un escenario en que el transhumanismo nos permita una longevidad sin precedentes. No obstante, la muerte no tiene solución, la definición de ser humano es indisociable de la muerte que le acontece en un momento dado. La humanidad entera y cualquier ser del planeta está bajo esta condición. Esta sociedad de la solución nos ha acomodado a un bienestar nunca antes vivido en la historia. Y con él nos ha dado una falsa sensación de invencibilidad, de que cualquier problema se puede solucionar. Recordemos también cómo el coreano Han habla de la sociedad de la positividad para definir esta sociedad que trata de eliminar la fricción, lo diferente, lo negativo, eliminando la dialéctica entre estos dos polos y encarcelándonos en la burbuja de lo aparente, lo pulido y lo positivo.

Aceptemos que hay problemas que no tienen solución o, por ponerlo de otra forma, cuya solución consiste más en aceptar el problema que en darlo por terminado a través de esa otra cosa diferente, de esa tierra prometida. La muerte de un ser querido no tiene solución. Sin duda, la muerte de un ser querido es un trago duro y difícil de encajar y, sin embargo, la aceptación y la transición del duelo es la única respuesta posible. La incertidumbre no tiene solución. No sabemos qué va a pasar mañana y cada vez menos por la complejidad en la que vivimos. Nadie posee la certeza de lo que va a ocurrir. No es posible, en muchas ocasiones, ofrecer mayores certezas, es decir, eliminar la incertidumbre y, sin embargo, sí es posible disolver el problema aceptando que la incertidumbre es propia de la vida. La mayoría de las grandes filosofías y religiones insisten en esta idea.

La sociedad de la solución desahucia el problema en cuanto entra en nuestro umbral mental, y nuestro cuerpo quiere eliminarlo como si de una enfermedad se tratara. La manera en que vivimos las enfermedades también nos habla acerca de nuestra forma de vivir los problemas. Por ejemplo, cuando tenemos una gripe, primero la minimizamos y nos empeñamos en que no nos pare la vida. Luego, si persiste, la combatimos, no para curarnos, sino para no pasarla, para no vivir su proceso, para no habitar el problema que supone para el cuerpo atacado. La estrategia de evitación se da una y otra vez. Las metáforas de la enfermedad son de lucha; se califica de luchadores a los pacientes de cáncer. La vida no es un concurso que ganar, así como los problemas no son mosquitos que eliminar a manotazos. Pretender evitar o no pasar por procesos naturales tampoco nos permite sanar o curarlos bien. El ser humano vive procesos como el envejecimiento, los dolores musculares, el embarazo, etc. que no son curables, sino que son nuevos estados en los que habitar. No podemos vivir conteniendo problemas (o situaciones que nos supongan un reto, una incomodidad, un cambio), parando el torrente de agua de un dique que es el paso del tiempo, el deterioro, la enfermedad y finalmente la muerte.

Es inevitable nombrar la pandemia; todo este tiempo enfrentándonos al problema de la COVID-19. Veamos un ejemplo que en su momento reflejaba esta cultura de la solución. En España, en marzo de 2020, durante el confinamiento, y dado que muchos negocios sufrieron cierres que pusieron en peligro su supervivencia, hubo una iniciativa que se llamó «Cuando volvamos». Era una plataforma que permitía comprar con antelación productos o servicios para luego consumirlos cuando estos lugares volvieran a abrir. La idea era efectiva. Lo que me parece reseñable es el enfoque. Porque no era exclusivo de esta campaña. El enfoque se centró siempre, desde el comienzo de la pandemia, en «cuando esto pase», «cuando llegue el verano», «cuando se vaya el virus». Vivimos esperando la tierra prometida para evitar habitar los problemas que tenemos.

Si no estuviéramos tan preocupados por el final de esta situación pandémica o de crisis y nos pusiéramos a definir los problemas que tenemos ahora mismo sin enfocarnos en el futuro, ¿crees que nuestra manera de abordar los problemas sería diferente? ¿Cómo sería?

Creo que no hay más esperanza que la de contemplar el presente y habitarlo con confianza y a buenos bocados de disfrute. No nos despistemos del problema, no hipotequemos nuestra vida al «cuando esté curada...», «cuando lleguen las vacaciones...», «cuando sepa, cuando logre, cuando tenga...». Estamos tan obsesionados con los resultados que hacemos todo para llegar a ellos, vivimos para llegar al final, a lo que creemos que es el éxito.

En el mundo laboral, estar demasiado tiempo en el problema es visto como un defecto o una falta de habilidad. Sin embargo, embarcarte en soluciones sin haber prestado la suficiente atención al problema es como tratar de bajar un acantilado a ciegas. Imagínate en ese acantilado, el de nuestro cuadro, caminante. Tienes el mar de nubes delante, ¿te lanzarías a bajarlo, a saltar, o darías media vuelta? ¿Crees que intentar solucionar esto de inmediato te hará dar con un mejor resultado? Contemplemos por un momento nuestro acantilado y el mar de nubes: habitemos el problema. Pero ¿cómo? ¿Cómo nos va a ayudar a pararnos y quedarnos ahí? ¿En qué consiste esto?

## HABITEMOS EL PROBLEMA

¿Crees que merece la pena explorar el terreno, reflexionar sobre la mejor estrategia, permanecer valorando las condiciones meteorológicas, conocer tu estado de ánimo y tus ciclos? ¿Crees que permaneciendo en el problema lo podrías llegar a entender mejor? ¿Crees que tratando de saber cuál es exactamente el problema podrías solucionarlo mejor? No parecen descabelladas estas propuestas. La permanencia en el problema es lo único que nos permite saber cuál es el problema y plantearlo adecuadamente. La permanencia está nutrida por la gana de vivir, por el disfrute del aquí y ahora. Nos habilita en el arte de contemplar, diferente al arte de producir. Esa permanencia es creativa en sí misma, como lo es la propia vida. La creatividad no es una parcela de producción, sino que nos impregna en cada mirada, en toda la vida misma.

Habitemos los problemas. Vivamos en ellos, permanezcamos ahí. Recorramos sus habitaciones, miremos debajo de la alfombra, incluso en el baño, aunque huela mal. Miremos por la ventana, miremos hacia dentro, dejemos que pase luz, aireemos las estancias. Hagamos la cama, hagamos del problema nuestra casa. No por obligación, no para fustigarnos ni regodearnos, sino porque el problema es casa. Los problemas son nuestra casa. Siempre lo han sido, nunca las soluciones han sido nuestra casa. Las soluciones llegan o no, el final se alcanza o no, los problemas se resuelven o no. Pero los problemas, las inquietudes, las preguntas, fruto del asombro, siempre son nuestro origen, nuestra tierra, nuestra casa. Es ese lugar que nos pertenece, que nos hace humanos, donde el asombro nos hace avanzar, preguntarnos, crear e innovar. Los problemas son preguntas y las preguntas son vida.

Muchas veces los problemas son como bloques intactos. Lou Marinoff, filósofo práctico, mundialmente conocido por su *Más Platón y menos Prozac*, escribió unos años después sobre la filosofía del Tao. En aquel momento, hablaba de la diferencia sobre la idea de perfección de Occidente, de herencia platónica, y de Oriente, refiriéndose al taoísmo. La perfección para Platón es una escultura pulida, perfeccionada. En cambio, para el Tao, sería el bloque intacto. La escultura acabada ya ha llegado al final, ya está determinada para siempre, fija en su perfección. Sin embargo, un bloque intacto de mármol representa infinitas e ilimitadas posibilidades. El bloque intacto, como la página en blanco, la melodía por empezar, el partido de tenis antes de alzar la raqueta para el primer saque, da vértigo. Pero ahí surge el asombro, la pregunta y la creatividad.

¿Qué sucede si no habitamos el problema? No habitar el problema nos hace desconocerlo y nos hace incapaces de poder definirlo. Si no hemos definido bien el problema, si no sabemos claramente cuál es y cómo es, ¿qué sucederá entonces con las soluciones que proponemos? Sí, serán incompletas, en el mejor de los casos. Erróneas, incluso inválidas, en escenarios no tan halagüeños. Confundimos problemas, creemos que son unos cuando en realidad son otros, los definimos mal, sin precisión, de forma parcial, introducimos varios problemas diferentes en uno mismo, confundimos y mezclamos conceptos, prescindimos de las personas indispensables para su definición...

En resumen, seamos críticos con esta sociedad de la solución. Centrémonos en el problema, habitémoslo. Permanezcamos y contemplemos. Asombrémonos y preguntemos. Nuestro caminante, habiendo permanecido ahí lo necesario, bien podría darse cuenta de que no tenía que saltar ni bajar, sino darse media vuelta y volver a mirar su casa, que estaba justo ahí. Volver a ella y desde ahí contemplar sus maravillosas vistas.

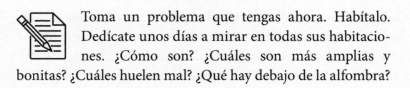Toma un problema que tengas ahora. Habítalo. Dedícate unos días a mirar en todas sus habitaciones. ¿Cómo son? ¿Cuáles son más amplias y bonitas? ¿Cuáles huelen mal? ¿Qué hay debajo de la alfombra?

# EL PROBLEMA ES UNA PREGUNTA

Hemos recuperado la gana y el asombro, y ahora los problemas son nuestra casa. Pero los problemas siguen siendo preguntas lanzadas al mundo. En realidad, si lo pensamos, cuando miramos al mundo y nos asombramos ante él, ¿qué pasa justo después? Sentimos curiosidad, nos damos cuenta de cosas que no entendemos y localizamos fricciones y es entonces cuando nos surgen preguntas. Así como necesitamos definir bien los problemas, necesitamos hacer de ellos buenas preguntas. Necesitamos, por tanto, habitar el problema, para formularlo bien y hacer buenas preguntas que, en caso de que sea necesario, nos pongan en el camino hacia mejores soluciones.

En mi día a día hago muchas preguntas, para mi trabajo empleo un tiempo considerable en encontrar la pregunta adecuada. Resueno mucho con la popular idea atribuida a Einstein que dice así: «Si tuviera un problema y mi vida dependiera de ello, y tuviera una hora para resolverlo, dedicaría los primeros 55 minutos a determinar la pregunta adecuada y luego los 5 minutos me sobrarían para darle solución». Nos puede parecer excesivo ese tiempo dedicado a la pregunta. Sin embargo, una pregunta que recoja bien el problema es de gran valor: nos pone en el rumbo adecuado, eliminando aspectos que no dependen de nosotros, problemas generales que no podemos resolver, falsos problemas que han de disolverse y, además, nos invita a enfocarnos sobre algo más concreto incluyendo, a la vez, los aspectos relevantes. Un problema mal definido dirige mal nuestro rumbo. Pensamos que perdemos el tiempo cuando dedicamos tiempo al problema, a idear una buena pregunta y, sin embargo, siempre es tiempo que se gana. Pensemos en alguien que quiere montar un negocio. Todo el que ha tenido una idea y ha sentido ese cosquilleo y esa gana de emprender algo, se enamora de la idea, de la obra. Se enamora tanto de esa solución que *él* ofrece, del proyecto en su versión final, que el problema que resuelve pasa a un segundo plano. Suele ocurrir entonces que pasa más tiempo puliendo el resultado final, la solución, que tratando de habitar primero el problema y definirlo bien. Si esa persona que quería montar su negocio no se hizo las preguntas adecuadas y no definió bien el problema, es decir, no se preguntó qué problema había en el mundo para el que daba solución, es probable que eso le cause muchos dolores de cabeza. Debe explorar bien su pensamiento, preguntarse si lo fundamenta en dolores del pensar, en sesgos; debe, asimismo, valorar su habilidad para hacerlo, la idoneidad del momento, la capacidad para venderlo, determinar los valores que quiere imprimir en él. Si no hace eso, corre el riesgo de intentar dar respuesta a un problema que no es tal y, en última instancia, eso le hará perder tiempo, dinero, ilusión y mucho más. Recuerdo que en un taller con altos responsables de organizaciones, una persona de una organización que se dedicaba a asignar jugosas cuantías a proyectos habló de este enamoramiento por la solución. Tras un breve intercambio de ideas sobre este aspecto, comentó apenada que había visto destinar presupuestos de hasta un millón de euros a soluciones que no habían identificado bien el problema que solucionaban. Poniéndonos prosaicos: se invierte mucho dinero y tiempo en soluciones sin haber definido bien el problema para el que esas soluciones están diseñadas.

Si es tan importante la definición del problema y la formulación de una buena pregunta que recoja esa definición, ¿cómo hacerlo bien? En primer lugar, hemos de agudizar esa habilidad contemplativa de habitar el problema. Pero aun así podemos servirnos de algunas guías para aterrizar bien los problemas. Comentemos una que llamo «la técnica de los cuatro pasos».

El problema…

1. Debe estar en forma de pregunta.
2. Debe ser un problema y no una solución.
3. Debe ser un problema y no muchos.
4. Debe ser *tu* problema.

Pasemos a explicar cada uno de los pasos.

## 1. EL PROBLEMA DEBE ESTAR EN FORMA DE PREGUNTA

Vemos a nuestra pareja pensativa y cabizbaja y le preguntamos ¿te pasa algo? Su respuesta suele ser una afirmación expresando lo que le ocurre: estoy cansado. Las afirmaciones de ese tipo nos dan una información concreta pero tienden a esconder los verdaderos problemas de fondo. ¿Qué hay detrás de ese cansancio? Quizá el problema no es el cansancio. sino que no duerme bien o que algo le ha entristecido o desanimado (el cansancio es a veces síntoma de la tristeza o del desánimo). Necesitamos llegar a lo que hay debajo para definir bien el problema. Una alumna de una escuela internacional donde impartía clase me comentó un día que su problema era que quería abrir una escuela de música y no podía empezar a planearlo porque tenía miedo y se sentía sobrepasada por ese miedo. Hasta ahí el problema es una afirmación. Podríamos hacer el ejercicio, que yo le pedí a ella y a su clase ese día, de tratar de transformar esa afirmación en una pregunta. Algunas opciones: ¿por qué tengo miedo ante la idea de abrir mi escuela de música? ¿Cómo puedo superar ese miedo? A pesar de que ambas preguntas están tratando de recoger bien el problema, son ligeramente diferentes. Puede que la alumna tuviera muy claro la naturaleza y los orígenes de su miedo y la primera pregunta no reflejara bien su problema. En cambio, puede que necesite iniciar un proceso de indagación acerca de los elementos que le pueden ayudar a afrontar ese miedo. Ambas preguntas pueden parecerse y, sin embargo, apuntan a problemas ligeramente diferentes. En la historia real, mi insistente invitación a que transformase el problema en un pregunta hizo que ella finalmente alumbrase esta: «¿Por qué tengo tanto miedo?». Ese era el problema que le hablaba desde dentro, su inquietud genuina, que probablemente luego le ayudaría a abordar también cómo superarlo. Esa pregunta le ayudó a movilizarse. Al cabo de unos meses, empoderada por este proceso y por otros, esta alumna sacó un disco. La parada para pensar y habitar el problema la llevó a una definición más certera, que no necesariamente incluía una solución concreta. Ahora mismo veremos la importancia de esto. Ese espacio que nos damos nos lleva a la pregunta genuina, que nos coloca delante justo de lo que nos duele de verdad. En un momento, profundizaremos en el significado de las buenas preguntas.

## 2. El problema debe ser un problema y no una solución

En ocasiones, los problemas y las soluciones se confunden. No es de extrañar que en una cultura obsesionada con la solución esto suceda; las soluciones se cuelan disfrazadas de problemas. Tanto nos cuesta permanecer y habitar el problema que saltamos rápido a la solución. Es común escuchar la frase: «Yo no veo problemas, yo veo soluciones». O reconocernos, nada más ver un problema, viendo ya posibilidades de solucionarlo. Habitualmente, formulamos problemas en función de las soluciones que vamos viendo posibles. En el ejemplo anterior de la alumna, ya vimos cómo trataba de colarse en la formulación del problema una decisión (la de abrir una escuela de música que luego fue reemplazada por grabar un disco) que actuaba a modo de solución y justificaba la alusión al miedo. Sin embargo, se pudo ver cómo el miedo era el problema más básico y que luego las soluciones o resultados que se propusieron fueron otros (finalmente grabar un disco). Así que es importante desprenderse de ese afán solucionador y eliminar todo rastro de solución en nuestro problema. Solo así nos garantizaremos una buena definición de este. Una vez, trabajando con un activista de los derechos LGTBI+ sierraleonés y refugiado en Barcelona, surgió esta cuestión. Su problema, en una primera afirmación, era «trabajar hacia la despenalización y minimización de los crímenes de odio y otras formas de violencia hacia la orientación sexual y la identidad y expresión de género...». Lo primero, el problema no está del todo claro. Sí, estaba claro lo que él quería hacer pero no el problema. Podríamos tratar de transformar el problema en la siguiente pregunta: ¿cómo trabajar para la despenalización y minimización de los crímenes de...? Sin embargo, él ya es un activista y ya trabaja en esa dirección. Así que ¿cuál puede ser su verdadero problema? Él comentaba que tenía diversos obstáculos en la actualidad y que su vida personal y profesional estaba demasiado mezclada; un problema habitual para los activistas. Así que llegamos a una cuestión más específica: ¿qué me impide trabajar como yo quiero hacia la despenalización y la minimización de los crímenes de...? De nuevo, nuestra mente nos hace trampas, queremos llegar a un lugar: «trabajar contra...», y para ello incluimos nuestro objetivo en la pregunta, muchas veces confundiéndolo con el verdadero problema.

Hace ya varios años que facilito procesos de definición de problemas en un máster para emprendedores del sector salud. Los equipos, compuestos por personas de diversas áreas de especialización (sanitarios, diseñadores, expertos en *marketing*, informativos) han de abordar una necesidad (entendida como carencia) en los estudios de campo que llevan a cabo en importantes hospitales de Barcelona. La necesidad es lo que aquí entendemos como problema. En muchas ocasiones, en la pregunta ya está implícita la solución a la que quieren llegar, el servicio o producto que quieren lanzar al mercado que atienda a la necesidad. Muchas veces las preguntas empiezan por «¿cómo hacer un dispositivo que...?» o «¿cómo establecer un protocolo para detectar...?». Que nuestra pregunta incluya un dispositivo o un protocolo implica incluir una parte de la solución, un camino específico que quieres que siga ya el proceso de buscar solución. Y simplemente así nos cerramos puertas. Puede que el problema no se resuelva con un dispositivo o puede que solo pensar en términos de dispositivo cuando formulas el problema te esté impidiendo ver otras soluciones mejores.

En resumen, nuestra definición del problema en forma de pregunta debe estar lo más libre de soluciones, de caminos ya determinados. Es precisamente así como damos rienda suelta a nuestra creatividad sin limitarla con caminos de moda o soluciones en las que nos hemos empeñado. Ese justamente es un proceso que se inicia después, una vez hemos determinado bien el problema.

## 3. El problema debe ser uno y no muchos

Ya nos decía Descartes en su *Discurso del Método* que debíamos seguir el *principio de la descomposición*, que no es más que descomponer cada dificultad o problema en tantas partes como sea posible. Estas partes nos ayudarán a la comprensión y solución posterior. Este orden supone un alivio para la mente, pues puede atacar un problema cada vez y no saturarse con muchos problemas entremezclados. Es frecuente que en la primera tentativa de formulación de un problema aparezcan muchas cosas a la vez. Puede que incluso nos aparezcan varios problemas y que consideremos que todos han de resolverse. Sin embargo, dividirlos en trozos más pequeños, en diferentes problemas y jerarquizarlos, o decidir cuál abordaremos primero y cuál después nos alivia la presión. El pensamiento crítico pone así el énfasis en el orden de la mente. No se trata de un orden en exceso controlador o analítico, pero sí aquel que en la pausa puede separar cosas, distinguirlas y abordarlas una a una sin impaciencia. Saber identificar qué es lo más importante en cada momento y qué debe ser abordado ahora. La sabiduría como virtud se define habitualmente como la capacidad para saber qué es lo importante en cada momento.

No solo se trata de descomponer el problema, sino de que su formulación también sea clara y distinta, como sigue apuntando Descartes. Una idea clara es aquella que se presenta sin oscuridad, que se entiende, en la que se puede percibir lo que contiene. Una idea distinta redunda en la idea de que aparezca bien diferenciada, separada y recortada de las demás, de tal manera que no podamos confundirla con ninguna otra idea. En resumen, tratemos de formular nuestros problemas de la forma más clara y simple posible, que cuando leamos o escuchemos la pregunta entendamos lo que nos dice. Prueba a mostrarle tu formulación a otras personas y ver si la comprenden. El hábito de descomponer te dará claridad, piezas y trozos inesperados, perdidos en el borrón de lo grande, de lo homogéneo. Verás sus perfiles, sus protuberancias más pequeñas y podrás percibir detalles del problema que antes no veías. Hoy, en la moda de cómo organizar tu tiempo, es habitual encontrar agendas y libretas con todo tipo de separadores y epígrafes para separar tus quehaceres. Hay aplicaciones para hacer listas, como por ejemplo, la *app* Trello, que te permite ordenar las tareas en subtareas y en diferentes columnas por donde van moviéndose (*to do, doing, done*). Marie Kondo, la gurú japonesa, separa los tipos de prendas y los enrolla para que quepan en poco espacio. Como consecuencia, las *influencers* ordenan la ropa por colores en sus fotos de Instagram. El exceso de objetos nos hace ordenar. Damos claridad a nuestras listas, a nuestro armario o despensa cuando en un cajón conocemos los tipos de botes que puede contener y no hay un papelito fuera descuadrado de un sobre de levadura abierto a medio usar.

Hacemos la despensa distinta cuando en la balda de las especias cada bote contiene lo suyo, separado de otro, no cuando hay orégano en varios botes y además también fuera de esa balda. Sin embargo, las modas del orden externo están bien pero de nada sirven si uno no cultiva su orden interior, el orden de su pensamiento.

### 4. El problema debe ser tu problema

Los estoicos nos dejaron un legado valioso que todavía nos sirve en la actualidad. Ellos insistían continuamente en la separación entre las cosas que dependen de nosotros y las que no dependen de nosotros. En última instancia, para los estoicos, lo único que por completo depende de mí es mi pensamiento y mi intención y la acción que surge de ella, pero no el curso completo que surja de esa acción. Solemos describir los problemas que tenemos en general sin prestar atención a esa máxima. De ahí que muchos problemas surjan de asumir que dependen de mí cosas que no dependen de mí (la reacción de otra persona ante mi comentario, por ejemplo) y de echar balones fuera o pensar que no dependen de mí cosas que, en realidad, sí dependen de mí (mi actitud y mi forma de dar ese comentario, por ejemplo). No depende de mí que mi hija obedezca lo que le digo. Sin embargo, sí depende de mí cómo le voy a poner límites, en qué tono le voy a hablar, con qué actitud y qué acción voy a hacer sobre ella. Solemos pensar que si trabajamos duro conseguiremos lo que queremos. La realidad es que ningún resultado depende de mí. Sin embargo, sí depende de mí mi esfuerzo, mi actitud hacia mis proyectos, mi perseverancia, mi disfrute en cada acción que hago. Necesitamos identificar cuál es el problema para nosotros. Y ahí debemos fijarnos en si su formulación está apuntando a algo que depende de nosotros. Si no es así, deberemos cambiarla para señalar hacia otro lugar. Es como si hablásemos del problema de la pobreza en el mundo. Nunca podemos formular el problema completo cargando sobre nosotros toda la responsabilidad. Principalmente porque no depende de nosotros. Pero circunscribiéndonos a nuestra comunidad y a la escasez que muchas familias están viviendo con esta crisis actual podemos preguntarnos: ¿cómo puedo yo colaborar con las familias con menos recursos de mi barrio? Una vez tenemos claro este aspecto, de inmediato comprendemos que para cada persona, el mismo problema puede tener una definición diferente. La aceptación de la forma diferente en que otro ve el problema, su punto de vista al abordarlo, nos conduce al diálogo. Personas diferentes tienen problemas diferentes, formulaciones diferentes. Por último, diremos que en los equipos de trabajo, en las familias y en las comunidades es de vital importancia poner en común las diferentes formulaciones de un problema y poder dialogar para llegar a consensos sobre la definición del problema para el grupo. Pero de cómo dialogar y llegar a consensos entre diferentes puntos de vista seguiremos hablando a lo largo del libro.

## CÓMO HACER UNA BUENA PREGUNTA

El entrenamiento en el arte de preguntar nos puede hacer habilidosos para formular buenas preguntas como el gran maestro Sócrates. No hay lugar mejor para entrenarse y practicar el arte de preguntar que la dinámica de los diálogos socráticos. Adelantaremos que un diálogo socrático consiste en una indagación colectiva donde diferentes personas se reúnen para, siguiendo unas reglas, dialogar sobre cualquier tema que sea de su interés. Cuando comenzamos el diálogo, sabemos que queremos dialogar sobre algo, tenemos una vaga aproximación al tema, al *problema*, diríamos aquí. Por ejemplo: «Las redes sociales nos parecen una amenaza para las relaciones de calidad». En nuestras conversaciones habituales solemos comenzar a hablar de inmediato, sin mayor aclaración del problema que tratamos. Comenzamos a dar opiniones, visiones, quizá matizamos algún aspecto, pero todo sin centrar el problema. Con ese breve titular que hemos dado acerca de las redes sociales tenemos de sobra para posicionarnos y comenzar la conversación de bar. En cambio, un diálogo socrático no es una conversación de bar. Y una de las cosas que lo distinguen de aquellas es que una vez que hemos decidido hablar de un problema, dedicamos un tiempo a hacer una pregunta para poder cocretarlo y afinarlo. Y este detalle cambia por completo la conversación. Preguntas que se propondrían al comienzo de un diálogo sobre ese tema lo centrarían de diferentes maneras. Por ejemplo: ¿Cómo las redes sociales nos distancian físicamente? ¿Pueden las redes sociales hacernos menos sociables? ¿Se pueden usar las redes sociales para cultivar relaciones de calidad?

Entonces, ¿cómo hacer una buena pregunta? La pregunta necesita tiempo, necesita aprovecharse de esa parada en el pensar. Debemos escucharnos bien, mirarnos dentro para identificar nuestra auténtica inquietud, aquello que nos preocupa, que nos suscita curiosidad sobre el tema, que supone un verdadero nudo para nosotros. De ahí que sea necesario la actitud de habitar el problema. Ahí comienza una pregunta. Las preguntas poderosas son las que vienen de dentro. Explicaremos esto con una técnica que aprendí con el asesor filosófico Óscar Brenifier. Óscar Brenifier es un asesor filosófico francés con fama internacional por su tabanesco modo de preguntar. En el asesoramiento filosófico, el asesor, a través de preguntas, ayuda al asesorado a realizar una indagación sobre sus creencias y ver lo que subyace a ellas, promoviendo un mayor autoconocimiento. Normalmente el asesor hace las preguntas, pero también invita al asesorado a cuestionarse. La técnica que aprendí en un taller de Brenifier en Madrid fue la autopregunta. Ante una afirmación del tipo «Me siento culpable por haber bebido mucho el fin de semana», el asesor en vez de continuar con el cuestionamiento, invita al asesorado a hacerse una pregunta a sí mismo. Es decir, el asesor podría hacer la invitación así: «Piensa en una pregunta que le harías a alguien que acaba de afirmar lo que tú has dicho». Llegado a este punto, el asesorado podría preguntarse de diferentes maneras: ¿por qué bebiste tanto? ¿Por qué te sientes culpable si es algo que te gusta hacer? ¿Por qué no puedes disfrutar de beber con moderación? Todas ellas son posibles opciones. Pero la que el asesorado se hace a sí mismo en ese momento es la más genuina. Esa es la que recoge su inquietud profunda revelando el verdadero problema para él. Esta técnica la apliqué desde entonces en muchos talleres y observé que nos obliga a parar el flujo de respuestas, que a veces se vuelve automático, y a centrarnos en construir una pregunta. Una pregunta para nosotros. Cuando tenemos que preguntarnos o lanzar una pregunta, es menester hacer ese trabajo de vuelta hacia uno mismo, buscar dentro, sin fingimientos ni filtros. Ahí sale la inquietud genuina. Como la de un niño. Un niño siempre pregunta de forma genuina porque no tiene la contención, la confusión y los clichés que los adultos vamos convirtiendo en caparazones. El niño pregunta por lo que le interesa. El adulto pregunta por lo que no le hace quedar mal. Permitámonos la libertad de expresar una inquietud genuina en la pregunta.

Cuando la pregunta es genuina moviliza. Nos daremos cuenta de que la pregunta es genuina cuando nos vemos realmente interpelados por ella. Tenemos ganas de responderla, de entrar en faena. No nos referimos a que sea de fácil respuesta. Una buena pregunta debe apuntar a una indagación; si ya conocemos la respuesta o nos resulta demasiado directa, tendremos que seguir matizando hasta dar con una pregunta que requiera indagación. Esto ocurre cuando surgen preguntas del tipo: ¿está el amor condicionado por la cultura? Para esta pregunta nos costaría encontrar a alguien que respondiese con un *no*. La formulación hace que la respuesta sea obvia. En cambio, hay una verdadera inquietud de fondo. Así la pregunta tendría una formulación mucho más movilizadora de la siguiente forma: ¿cómo el amor está influido por la cultura? o ¿Puede el amor de una persona hacia otra estar completamente determinado por la cultura del amor que les rodea? Ambas son preguntas más movilizadoras que apuntan a matices que nos cuesta vislumbrar en un primer vistazo. La pregunta ha de retar, no ha de tener una respuesta obvia.

Y de nuevo, su formulación ha de movilizarnos, físicamente también. Una buena pregunta hace que todo tu cuerpo se mueva, que no puedas permanecer recostado, que te muevas, que tengas ganas de caminar, de hablar, de pensar. De dibujar, de dialogar, de bailar. Una buena pregunta sale de dentro y te moviliza por entero.

La pregunta ha de entenderse y ser clara. Los estándares de claridad son muy importantes para el pensamiento crítico. Así como hablábamos de un dolor de pensar que sufren quienes adolecen de falta de orden y claridad en el pensamiento, la claridad es una requerimiento transversal del pensamiento crítico. Recordemos lo que nos pedía Descartes con las ideas claras. Para no irnos lejos, diremos que la pregunta ha de entenderse por los que están ahí contigo, por ese grupo que se hace la pregunta, por todos y cada uno. Si hay alguien que no la entiende, lo más importante es pulir la formulación para hacerla clara y comprensible.

¿Es una buena pregunta un golpe de inspiración? Una buena pregunta se construye en sucesivos intentos. Los sucesivos intentos vienen de ti, si estás solo y se trata de un problema personal que estás intentando definir. Si estás en un proceso colaborativo como una conversación, también vienen de ti, pero tienes de inmediato un grupo con el que contrastar y que te puede ayudar a afinar la pregunta y mejorarla. Una pregunta se construye mejor con las manos, con papel y lápiz. Una pregunta se construye mejor a cuatro, seis u ocho manos. Propón preguntas, borra, afina, cambia conceptos, encuentra la formulación más sencilla, la más clara. Piensa, comparte, repiensa, borra, mejora, reposa. La buena pregunta saldrá. Una buena pregunta no se hace en un día. Una definición de un problema tampoco.

## LA PREGUNTA

El viaje por el pensamiento crítico de este libro también aspira a ofrecer una serie de pasos prácticos para abordar cualquier problema. Así, cada capítulo a partir de este incorporará una o varias preguntas clave sobre el tema explicado en el capítulo. Al final encontrarás el sistema de preguntas completo.

Este capítulo ha consistido en un reenfoque de la forma en que miramos lo que nos sucede. Hemos diagnosticado nuestra apatía y falta de asombro causadas por la falsa promesa de un final mejor. Sin embargo, así, nos perdemos habitar nuestro propio hogar: los problemas. Y nos privamos de una forma de diversión más genuina: la construcción de una buena pregunta y el impulso que nos mueve a responderla. Para cualquier problema que quieras abordar, comienza por aquí.

¿Cuál es el problema que quieres abordar?

Recuerda habitar el problema, darte tiempo y definirlo en forma de pregunta.

# CAPÍTULO 3
## El ser humano ante un mundo posverdadero

Decía Sartre que somos seres arrojados al mundo y, por tanto, libres de hacer de nosotros lo que queramos. ¿Qué quería decir Sartre con esto? ¿Te sientes arrojado al mundo? ¿Sientes que eres libre? Desde luego, podríamos decir que sí, que a veces sentimos que hemos sido arrojados a este mundo sin manual de instrucciones. Y eso también nos hace libres de elegir qué hacer con esta realidad. Arrojados a esta existencia, aterrizamos aquí, en este mundo, en la época histórica que nos toca, y nos asombramos, miramos, oímos, sentimos, pensamos el mundo. No podemos no hacerlo. Pero ¿qué miramos, oímos, sentimos y pensamos? Cosas valiosas para poder desenvolvernos en la vida, pero también ruido, mucho ruido. Más aún en este momento histórico donde el mundo está lleno de cosas y de información que viene de lugares variados y se esparce por todas partes.

Todo lo que nos llega, incluido el ruido, necesita de pensamiento crítico para poder ser dilucidado y ordenado. Así, en este capítulo vamos a explicar qué es la información y cómo se presenta hoy. Daremos criterios para distinguir la información valiosa de la que no lo es. Y hablaremos de la posverdad, este escenario particular que ha cambiado la forma en que se presenta el mundo ante nosotros y que nos obliga a desarrollar nuevos anticuerpos y estrategias para buscar la verdad.

¿Es posible formarte una opinión crítica y adecuada de temas complejos? ¿Cómo discriminar la buena información de la mala información? Seguro que son preguntas que crees que el pensamiento crítico te ayudará a responder. Lo intentaremos a lo largo de este capítulo.

## NO PERCIBIMOS EL MUNDO DIRECTAMENTE

Hasta aquí hemos echado un primer vistazo a cómo procesamos, ordenamos y valoramos la información. Ahora deberíamos tener una idea de cómo pensamos y de cuáles son nuestros hábitos recurrentes de mal y buen pensador, siendo más capaces de identificar en qué situaciones los despliegas y por qué. También somos conscientes de la importancia de habitar los problemas y hacernos buenas preguntas ante la realidad que nos asombra. Ahora vamos a abrirnos al mundo, a lo que percibimos por los sentidos y a cómo eso percibido aterriza en nuestro pensar. Porque una vez que tenemos una pregunta queremos lanzarnos al mundo a investigar.

Imagina que acabas de nacer, una corriente de sensaciones te invade: frío, seguramente; sonidos hasta ahora desconocidos; otros más familiares, como la voz de tu madre, de tu padre o de la gente que estuvo cerca de tu madre durante tu gestación. Demasiada información que procesar. Además, tu sistema de procesar todavía está comenzando su desarrollo. Un poco más mayores ya tenemos un conjunto de patrones funcionales que hacen que esos estímulos que llegan de los sentidos se ubiquen en el lugar correcto. Esos estímulos provienen de la realidad. Vemos la cara de nuestro vecino, escuchamos las obras de la calle, sentimos el roce de la mascarilla sobre nuestra cara... Todos naturalmente responderíamos que nuestro vecino, la calle, las obras y la mascarilla es la realidad. ¿Diríamos también que la ley de la gravedad es real? ¿Y Caperucita Roja? ¿Y las elecciones que tienen lugar cada cuatro años?

Los filósofos siempre se han preguntado qué es la realidad y si existe fuera de nosotros. No entraremos de lleno en el problema de la existencia de la realidad; para comprender mejor el pensar, nos valdremos de algunos atajos interesantes gracias al trabajo de Markus Gabriel, un filósofo alemán de mi quinta cuya argumentación es una delicia. En su libro *El mundo no existe* nos dice precisamente eso, que el mundo no existe. No existe como algo aparte de los propios objetos que lo componen: *mundo* es únicamente la palabra que designa al conjunto que engloba todo. Ese conjunto comprende: duendes, elecciones locales, universo y sala de estar, como dice Gabriel. Y también vecino, calle, obras, mascarilla, ley de la gravedad, Caperucita Roja. Sin embargo, no todo pertenece al mismo ámbito objetual, como él lo llama, al mismo tipo de cosas. Así, existen los duendes, como esos seres que aparecen en los cuentos; existen las elecciones locales, como ese proceso y evento que tiene lugar cada cierto tiempo, y existe el universo, como ese vasto espacio donde hay materia negra, planetas, etc. Y existe mi vecino, una persona que vive al lado de mí. Pertenecen a diferentes ámbitos de cosas, pero existen. Así, la realidad son todas esas cosas: objetos, olores, sensaciones, personas, seres vivos, creaciones, pensamientos, una amalgama de diferentes «tipos de cosas».

Todo ese mundo de «tipos de cosas» de diferente índole son reales así «para nosotros». Expliquemos ese «para nosotros». En general, esas cosas son reales independientemente de nosotros. Los objetos son reales: una roca existe aunque no estemos nosotros, ya existían hace millones de años. Los olores y la sensaciones son percibidas también por otros seres vivos. Y desde luego además de nosotros hay otras personas y, si hay otras personas, hay pensamientos independientes de nosotros. Y otros seres también piensan, como los animales. Y Caperucita o las elecciones también son reales fuera de nosotros, aunque ambas hayan sido creadas por el ser humano. Sin embargo, aunque esas entidades sean reales independientemente de nosotros, solo las percibimos a través «de nosotros». Esto es, siempre accedemos al mundo, a esa realidad, de una forma mediada. Median nuestras capacidades sensoriales (diferentes en cada animal), nuestras estructuras conceptuales (algunas comunes a la raza, otras más personales), y en ocasiones median instrumentos. Nuestras capacidades sensoriales humanas nos permiten, por ejemplo, ver el espectro de cosas que cae entre la luz violeta y la luz roja, pero no vemos lo que hay debajo o encima. Las abejas, en cambio, pueden ver la luz ultravioleta y la utilizan para ver colores y patrones específicos en las plantas que las guíen al néctar. Nuestras estructuras conceptuales representan aquellos mecanismos que tenemos para categorizar la realidad. En un capítulo más adelante hablaremos de sesgos, una de esas estructuras conceptuales, y distinguiremos entre varios tipos: los comunes a la especie, los comunes a nuestro grupo social y algunos que son propios de cada persona bajo ciertas circunstancias. Por último, nuestros medios (capacidades sensoriales y estructuras) a veces no son suficientes y ahí aparecen los instrumentos. Los instrumentos son objetos que hemos creado para ayudarnos a conocer la realidad. En 1609 Galileo construyó sus primeros telescopios que le permitieron mirar al cielo de una manera totalmente diferente a como el ojo humano había podido hacerlo hasta ese momento. Los instrumentos han evolucionado de forma que ahora muchos dispositivos se ven como extensiones propias de nuestra naturaleza y pueden incluso cambiar la definición de ser humano. Este aspecto abre la puerta a los *cyborg* y al transhumanismo. Cuando ya nos pasamos el día con la mano pegada a nuestro móvil y las gafas de realidad aumentada extienden cada vez más sus usos, nos acercamos más a la pregunta: ¿hay algún límite en la incorporación de estos instrumentos para aumentar o cambiar nuestras capacidades? Confío en que el pensamiento crítico que tratamos de entrenar aquí nos dé más herramientas para pensar también esta pregunta. Pero prosigamos con nuestra realidad y los medios de los que disponemos para conocerla.

Cuando estudié al célebre filósofo Kant tuve un profesor que me ayudó a entender su obra desde otro prisma: utilizaba una metáfora muy clara para hacernos ver cómo Kant entendía nuestro acceso al mundo. Es la metáfora de la malla. Los seres humanos tenemos una malla para conocer el mundo, es decir, cuando vamos a percibir sensorialmente la realidad aplicamos nuestra malla sobre lo que percibimos. Nuestra malla tiene diferentes tipos de huecos, de diferentes formas y tamaños, así que solo lo que se ajuste a esos huecos y esas formas podrá pasar. O dicho de otra forma, solo pasa, solo llega a nosotros los trozos de la realidad cortados según nuestra malla. No pasa la realidad al completo, sino una realidad *colada*, la que sobrevive al filtro de la malla. Lo que pasa por la malla es lo que nosotros percibimos, no toda la realidad en bruto. Para Kant esa malla tenía los conceptos de espacio y tiempo, por eso todo lo percibimos dentro de unas coordenadas espaciotemporales. Pero lo que me interesa aquí es que esta metáfora nos hace entender cómo nuestras capacidades sensoriales suponen ya un filtro de entrada a la realidad. No percibimos la realidad en bruto, sino filtrada, adaptada a lo que podemos percibir.

Recapitulemos. La realidad se compone de tipos de cosas diferentes (duendes, elecciones, universo, etc.). Nosotros las percibimos en la medida en que entran por nuestras malla, siendo esa primera malla la de las capacidades sensoriales. Pero una vez esa realidad se filtra por nuestras mallas, ¿cómo organizamos esa información? ¿Es toda esa información igual de valiosa?

# LA AVALANCHA DE LA INFORMACIÓN

Hoy día tememos a la información. Viene como un temporal que arrasa desde todos los rincones y en todas las formas posibles. Cuando enfocamos y definimos un problema, inmediatamente nos enfrentamos a toneladas de información. ¿Qué hacer con ella? ¿Cómo ordenarla para luego poder discriminarla? Diremos que la información no es la realidad, sino piezas filtradas, procesadas, depuradas y orientadas. Claro que el grado de filtrado y procesamiento puede variar. Y siempre puede ser filtrada y orientada aún más. Siguiendo el razonamiento anterior, lo que pasa por la malla de nuestra percepción ya puede ser considerado información. Un sonido en el rango de nuestra malla llega a nosotros, ya es información. Acto seguido, algunas estructuras conceptuales lo reconocen como música. Esa música puede ser analizada, ubicada históricamente, de nuevo disfrutada y compartida. Puede, a su vez, ser parte de una melodía que utilices para componer una nueva canción con tu guitarra. Hasta incluso podrías escribir un artículo técnico sobre esa pieza y tu nueva creación, identificando patrones reseñables desde un punto de vista histórico-musical. Puedes también con ella crear un baile para TikTok, generando otra nueva pieza de información paquetizada y compartible. Todas esas piezas son información: el sonido, la propia melodía, el análisis de esta, la nueva melodía con partes de la primera, el artículo científico, el TikTok. También, esa información se vale del uso de instrumentos para ser recibida, transmitida o compartida: el ordenador desde donde escucho y el programa que me ayuda a mezclar, las *apps* como TikTok que me ayudan a crear esa pieza, etc.

Sobre esta definición de información podremos establecer distinciones prácticas que nos ayuden a lidiar con la confusa y ruidosa realidad. La información está multiplicada, distorsionada por todo tipo de agendas y dirigida a despertar emociones bajas. Estas características de la información hoy nos sumergen en un mundo de posverdad que trataremos de radiografiar a continuación.

Pero hagamos otra aclaración antes. Nuestras mallas pueden estar pervertidas por hábitos de mal pensador. De hecho, aunque vengamos de serie con una malla en buenas condiciones y sana, un mal mantenimiento de esta, una deficiente actualización, etc., nos hará caer en algunos de los errores que describimos en el primer capítulo. Un mantenimiento descuidado, no muy pulcro, sin actualizaciones ni revisiones degenera en mallas defectuosas. Las mallas tienden a adoptar filtros sesgados y patrones facilones. Algunos son propios de nuestra especie y su desarrollo evolutivo. Esas mallas sin puesta a punto y no entrenadas en pensamiento crítico perpetuarán filtros no saludables y dolores del pensar. ¿Qué pasa si una malla mal mantenida se aplica sobre la realidad? La información que obtenemos es de peor calidad, será información filtrada hacia lugares insanos, tendenciosos, susceptible de trampas de manipulación. ¿Y qué nos dirá esto de la realidad? La probabilidad de que esa malla mal mantenida, con esa información sesgada, capte algo valioso, clarividente y accionable de la realidad se reduce. No diremos que aquel que tiene una malla mal mantenida no pueda generar pensamientos y acciones exitosos, puesto que la posverdad nos muestra cómo los sesgos y el mal pensamiento, además de las malas acciones derivadas de este, tienen cabida en nuestro mundo. Pero sí diremos que esas mallas no entrenadas en pensamiento crítico se toparán en muchos momentos con incoherencias, errores, falta de empatía, miseria en el pensamiento, reducción de miras y muchos otros problemas. En un sentido general, los hábitos de mal pensador, con mallas mal mantenidas y no entrenadas en pensamiento crítico, provocan errores de comunicación, entendimiento, comprensión, análisis, ideación y resolución de los problemas reales. Confío en que esta idea se pueda ir viendo cada vez más clara a lo largo del libro.

# ¿CUÁL ES LA VERDAD EN UN MUNDO DE POSVERDAD?

Permitidme que me sitúe en marzo de 2020, confinados en casa. Rememoro una reflexión que hice en aquel momento. Estábamos encerrados en casa, el mundo se había dado la vuelta. Hacía apenas dos semanas todavía llevábamos una vida *normal*. Veíamos de lejos los datos de China e Italia, preocupados por que entrara en España el virus, preguntándonos si nos afectaría de alguna manera. Nunca nos imaginamos sus efectos. La mayoría leía los datos y los interpretaba según sus propios sesgos. Los intereses y emociones de la mayoría tenían que ver con evitar emociones incómodas, con la obsesión por poder seguir nuestra vida, nuestros proyectos, nuestros viajes. No queríamos parar, tener que reconocer y habitar ese problema. Interpretábamos la realidad a nuestro antojo: «Las autoridades exageran», «es como una gripe fuerte», «pasará como con la gripe aviar». En ese momento nuestros sesgos eran diferentes según el grupo de población, si eras joven o mayor, sanitario o político. Además, nuestra visión de toda esa realidad a través de nuestras mallas desentrenadas hizo aguas y las aguas no eran cristalinas. Las aguas eran posverdaderas. Ya teníamos mucha información de China e Italia, y todavía no pensábamos en poner nuestras barbas a remojar o sacar nuestros barbijos a pasear. Una voz interna y secreta nos decía que era una cuestión de visiones, de puntos de vista, de verdades. ¿Cuál era la tuya? ¿Cuál era la nuestra? Que una visión capitalista, liberal y democrática del virus evitaría que este entrara en nuestras fronteras. Y en marzo de 2020, ¡hijos de la posverdad!, estábamos en casa, confinados para no propagar contagios, desbordar sanidades y provocar miles de muertes indignas en aislamiento. ¿Por qué gobiernos del mundo «habían negado» el virus? ¿Qué pasa con los hechos? ¿Cómo entender lo que está sucediendo y filtrar la información que nos llega para abordar los problemas y tomar mejores decisiones? ¿Acaso nos importa la verdad?

Hubo un tiempo en que llegar a la verdad era una de las máximas aspiraciones del ser humano. El que tenía la verdad o sabía cómo acceder a ella tenía el poder. Hoy tiene el poder quien es capaz de llegar a los demás movilizando sus bajas pasiones, y eso no puede estar más lejos de la verdad. Señalaremos brevemente algunos importantes momentos en esta historia de la verdad. Para los griegos, la verdad era la máxima aspiración del conocimiento y tenía que ver con conocer la esencia o la idea de las cosas, diferente a su apariencia material. Ya en Grecia se comenzó a practicar una observación más minuciosa de la realidad que permitía sacar conclusiones sobre el mundo, acercándonos poco a poco, pero con paso firme, a la forma de conocer de la ciencia. La Edad Media cambió el lugar donde se encontraría la verdad: residía en la verdad de Dios y su palabra, un relato acorde con la fe. No es sino en la Modernidad cuando el método científico se instaura y la verdad se convierte en lo que es alcanzado a través de tal método, condensado en las ideas de observación, medición, experimentación y formulación, análisis y modificación de hipótesis. El método científico es la forma privilegiada de acceso a la verdad. La verdad es lo que ha pasado el filtro del método científico. Tras siglos de uso y disfrute del método científico, pues su éxito permitió avanzar a la ciencia y la tecnología, llegó su fatal clímax: la bomba atómica lanzada sobre Hiroshima y Nagasaki en la Segunda Guerra Mundial. Ahí comienza el declive y el cuestionamiento de la ciencia y la tecnología y, por ende, del método científico y así también de la verdad. Se ensombrece el sueño ilustrado. Comienza a fraguarse el giro cultural de la posmodernidad. La posmodernidad critica la confianza ciega en la razón y habla de emociones, de discursos, de interpretaciones, de lo local, de lo consensuado. Así, toda realidad es vista como un texto y, como tal, sujeta a interpretación. La verdad pasa a ser algo construido, variable, subjetivo y débil. Así la verdad se pone en entredicho, se cuestiona incluso su propia existencia; se habla de diferentes verdades, tantas como puntos de vista; de la verdad como consenso de interpretaciones o de la construcción de lo real. También, la ciencia, que es la mayor garante de verdad, es puesta en entredicho. Los estudios de la ciencia surgen en los años 70 y 80 del siglo veinte y hablan de por qué unas teorías consiguen más consenso que otras y terminan siendo la explicación «verdadera», con más financiación y más apoyos. En definitiva, los científicos también son personas y tienen agendas, intereses, sesgos..., y construyen con sus teorías la realidad que ellos quieren. Al fin y al cabo, las teorías no están escritas en la naturaleza para que el ser humano las lea. Recuerdo mi época de investigadora en el CSIC cuando todo este cuestionamiento de la ciencia y la tecnología me parecía fascinante. Ya me gustaba deconstruir la razón instrumental. Sin embargo, y aunque dentro de mí me resistía a renunciar a la verdad, no me atrevía a defenderla, no sabía si podían ser coherentes ambas debilidades. Afortunadamente, más tarde entendí que la verdad es algo mucho más grande que lo que se puede conocer con el método científico, aunque este sea válido, con sus limitaciones, para acercarnos a un tipo de verdad. Como nos dice McIntyre en su libro *La posverdad*, aquellos mismos autores que contribuyeron a cuestionar hasta niveles controvertidos la ciencia y la tecnología han mostrado recientemente su estupefacción ante el devenir posverdadero del mundo.

Este camino de cuestionamiento de los métodos y las autoridades garantes de la verdad llega a su máxima expresión en los últimos años. La palabra *posverdad* se puso de moda en 2016. Nos cuenta McIntyre que los diccionarios de Oxford la catalogaron como la palabra del año, cuando su uso se había disparado en publicaciones de toda índole. Tan amplio y extendido fue su uso que al año siguiente el Diccionario de la Real Academia de la Lengua Española la incluyó también. Lo que ha sucedido en los últimos años lo conocemos. Conocemos cómo Trump y otros políticos han proferido mentiras una y otra vez, cómo los hechos se han distorsionado, cómo la sensación de indefensión para el lector que quería comprobar la verdad de un dato se multiplicaba, cómo conocimos por el escándalo de Cambridge Analytica que nuestros datos se habían usado para moldear nuestras opiniones y votaciones. Ahora mismo, políticos, grandes gurús empresariales, grupos negacionistas, medios de comunicación, etc., emplean todo el poder de la posverdad para hacer prevalecer sus proyectos de mundo.

Radiografiaremos el fenómeno de la posverdad a través de sus principales eslóganes. Muchos han dicho que la mentira y la manipulación han existido siempre. Sin embargo, sostendré que la posverdad es un fenómeno nuevo porque no trata solamente de la mentira y la manipulación, sino que su originalidad reside en que se esmera por producir confusión, por desenfocar y por despreciar la verdad con unos medios nunca antes disponibles. Veamos uno por uno algunos de sus eslóganes.

LO QUE YO SIENTO ES VERDAD. En los 90 se popularizó el concepto de *inteligencia emocional* gracias al libro con ese mismo nombre de Daniel Goleman. La inteligencia emocional estaba desde comienzos del siglo veinte tratando de atacar esa racionalidad instrumental. Pero no fue sino en los 80 y los 90 cuando la incomodidad de trabajadores en las empresas y los problemas de aprendizaje en educación se trataron de paliar incorporando la emoción en la ecuación de la maximización. Recordemos que la racionalidad instrumental nos imponía un modo de pensar y hacer donde todo consistía en estrategias de maximización para llegar a objetivos. Las emociones habían quedado relegadas a segundonas en el bastión racional y se consideraban debilidades, estorbaban para la consecución aséptica de esos objetivos. La inteligencia emocional pretendía recuperar el lugar de la emoción y girar nuestra atención hacia su identificación y gestión. No bastaba con maximizar estrategias para llegar a nuestros objetivos. Había que hacerlo teniendo en cuenta las emociones, de lo contrario, estas empezaban a dar problemas. Pero no solo contaba la identificación de la emoción y su gestión, sino que cobró importancia la expresión de dicha emoción. La emoción y su expresión se convirtió en realidad incontestable. Y siendo cierto que todos podemos expresar lo que sentimos, otra cosa es que ese sentimiento sea más importante que cualquier otra cosa, sea inamovible o incuestionable. Bien puedes sentir algo que, aunque lo sientas efectivamente, no sea algo funcional y saludable, te haga daño a ti y a los demás y, por tanto, deba ser examinado. Expresar mi enfado siempre, de cualquier manera y sin filtro, puede no ser una práctica muy saludable. Expresar cualquier cosa en cualquier momento no es más importante que examinar lo que sientes, comprenderlo y hacerlo compatible con lo que sienten los demás. Además, en aras de no guardarse nada para uno, porque eso puede causar hasta problemas físicos, nos vamos al otro extremo: cualquier sentimiento es exteriorizado de inmediato, enaltecido y, si es posible, vendido y comprado en el mercado de las redes sociales. Ahora, las emociones se erigen en soberanas por encima de cualquier otro proceso y reciben atención especial por parte del *marketing,* que las usa para sus propios fines. Los mecanismos de la posverdad se meten dentro de nosotros, activan nuestros más bajos instintos y nos prometen soluciones al instante. Detrás de esas emociones, hay argumentos falaces, informaciones saturantes (entenderemos este término en un momento), invitaciones a caer en los dolores del pensar y datos falsos. Si no tenemos entrenado el pensamiento y no conocemos nuestro mundo emocional desde un sano autoconocimiento somos presa fácil. Es la tiranía de la entraña. Nuestras entrañas pueden acercarnos a la verdad, pero para poder atender a sus señales hemos de mirar genuinamente hacia dentro, con observación, paciencia, indagación, no con prisa, dopamina y altas dosis de opinión morbosa. Aceptar la entraña corrompida es asentir a corazonadas descontextualizadas y banales que en vez de acompañar reemplazan al pensamiento crítico.

SI CREO EN MÍ, PUEDO. El *boom* del emprendimiento ha colocado la idea del sueño americano en nuestras mentes: todo el mundo con esfuerzo puede conseguir cualquier cosa que se proponga. Eso no es más que una horrible mentira: partimos de grandes desigualdades, el sistema tiene dominio sobre el individuo en ciertos aspectos, los negocios no funcionan aunque sean las mejores ideas, los consumidores hacen lo que quieren, existe un *marketing* manejado por unos pocos que dirige el rumbo del consumismo masivo, etc. Esta idea se presenta además teñida de pensamiento mágico (recordemos el dolor del pensador ilógico y fantasioso). Pareciera que si creemos en nosotros podemos mágicamente crear el mundo que queremos. Esto tiene que ver con la popularización de mensajes como «sucederá», «vendrá a mí», «ten confianza en el universo». La mezcla de diferentes disciplinas (astrología, autoayuda, misticismo, etc.) en una amalgama de mensajes sin fondo alimenta estas ideas. Su uso por personas inexpertas y sin verdadera profundidad y autoconocimiento puede ser dañino. Como contrapunto, podemos recordar la enseñanza estoica acerca de lo que depende de mí y lo que no. Para los estoicos, solo depende genuinamente de mí mi pensamiento. Si confiamos en una magia azarosa que nos dará lo que deseamos creo que vamos desencaminados. También si creemos que todos partimos del mismo lugar y que el mundo hará justicia, o que nuestro esfuerzo bastará para obtener una determinada recompensa. Sin embargo, si nuestro esmero se centra en nosotros, con foco en el pensamiento, un pensamiento que genera acciones consecuentes y valientes, nuestra ganancia nadie nos la podrá arrebatar. Si hacemos un trabajo interno sobre nuestro pensamiento, probablemente ayudaremos a crear mundos mejores, más consecuentes. De esto más en el último capítulo.

TODO HECHO ES INTERPRETABLE. La posmodernidad nos trajo el valor del punto de vista, condensado en la idea de «todo es interpretable». Algunos lo han llamado *postfactualismo*, porque no cree en los datos, en los hechos, sino en la existencia de tantos hechos como puntos de vista. El relativismo, alimentado por la crisis de la ciencia y el cuestionamiento de la existencia de hechos objetivos, se consolida aún más en la posverdad. Ya hemos dicho que los estudios de la ciencia en los años 70 y 80 cuestionaron su propio funcionamiento y la sometieron a los mismos interrogantes y pruebas que la ciencia emplea para determinar la realidad de los hechos. La ciencia también podía cuestionarse. Se hizo una fuerte llamada de atención sobre la presunta asepsia de la que la ciencia hacía gala y se arengó a considerar el aspecto cultural de dicha empresa. Es decir, la ciencia se puede entender también como una cultura, la cultura científica. Está formada y creada por personas y grupos que despliegan un comportamiento determinado, hay reglas explícitas y tácitas de lo que se debe o no hacer. Esas reglas que rigen el comportamiento de los científicos determinan también los hechos que la ciencia da por buenos y que los demás creemos como grandes verdades. Así, se empezaron a estudiar las comunidades científicas y su cultura, y se encontraron experiencias donde la decisión científica sucumbe a la presión de los más populares, donde la mente humana discrimina o selecciona la información siguiendo recursos no tan asépticos. Hoy día, si quieres saber si beber leche de vaca es bueno o malo para tu salud encontrarás artículos científicos que defiendan una y otra postura. El ciudadano percibe así que los hechos se moldean al antojo de intereses de empresas por científicos comprados o al menos con sesgos evidentes. Que los científicos sean seres humanos y sean susceptibles de sesgos, errores o agendas no invalida el método científico. No invalida una ciencia hecha por humanos que con su sistema y prácticas consigue validar hechos, que siempre serán cuestionables y revocables con nueva investigación. La ciencia y la tecnología deben recordar el espíritu crítico con el que se crearon, de duda y cuestionamiento. Pero no toda opinión ni todo posicionamiento es igual de válido. Así, debemos tratar de identificar qué profesionales de la ciencia y la tecnología están más presos de influencias que puedan tergiversar sus hallazgos y quiénes son más honestos en su profesión, aunque no estén completamente libres de sesgos. La ciencia es cuestionable pero no *demolible*: nos ayuda a vivir una vida más fácil y, junto a una nueva racionalidad, nos puede dar importantes bases para vivir una vida más consciente. Su método, que pone énfasis en la observación y la comprobación constante, nos ofrece hechos científicos. Los científicos siguen siendo especialistas cuya opinión se revela valiosa y clave. Más, si además de científicos, son buenos pensadores críticos en el sentido aquí expuesto.

TODO EL MUNDO ES UN EXPERTO. Hubo un tiempo en que el acceso al conocimiento estaba vetado para la mayoría y los expertos imponían su criterio que se veneraba a ojos ciegos. El paso al otro extremo se ha hecho rápido y sin piedad. Ahora, todo el mundo tiene acceso a mucho y mal organizado. Lamentablemente, este acceso masivo no ha ido acompañado de un entrenamiento en pensamiento crítico. El experto es menospreciado, acusado de abuso y sesgos, igual que hemos visto que sucede con el científico. Esta accesibilidad a la información ha transmitido el mensaje de que cualquiera está habilitado para usarla, moldearla y componer opiniones sin trabajo o entrenamiento detrás, y sin pagar un peaje a la historia, sin entender que este conocimiento viene de algo y de algún sitio. Lo que comenzó como una duda necesaria del experto, que no estaba exento de fallos, salta al otro extremo, despreciando por completo su labor y encumbrando a personas que ni saben ni se conocen. La opinión de un periodista experto en el conflicto palestino que ha llevado a cabo investigaciones de campo durante años no puede ser la misma que la persona en el bar que lee su artículo. Esta confusión hace que nos cueste identificar quiénes son los expertos, dónde están y, sobre todo, por qué lo son. Y junto con esto, todos somos interpelados a opinar de todo, a posicionarnos con contundencia.

LOS 5 CONSEJOS PARA CAMBIAR TU VIDA. Otro de los expertos en el foco de la posverdad es el periodista. Lejos de ser los garantes de las condiciones para la búsqueda de la verdad en la información, ahora sus prácticas tienen más que ver con los *clickbaits* y los artículos basura del tipo «5 *tips* para...». Hemos de reconocer que su trabajo se ha convertido en una lucha diaria por la atención debido a la proliferación de medios, a la feroz competencia sin escrúpulos de algunos de ellos y a la precariedad de la profesión. Así, esos artículos facilones y jugosos apelan a nuestros instintos más bajos y todos sucumbimos al cotilleo. Muchas veces es en forma de un artículo donde te prometen 5 consejos para algo concreto. Es fácil de leer, te puede la simple curiosidad. Démonos cuenta de que no dicen cosas que no sepamos y que la hipersimplificación de la información que ofrecen nos disuade de entrar en un proceso de indagación crítica. Nos ahogan en la comodidad, la pereza, el cliché y el sesgo. Por otra parte, el ciudadano con su móvil documenta lo que ocurre con tal alcance en todos los rincones del planeta que la pericia del periodista ha sido sustituida por la ubicuidad del ciudadano. Y, sin embargo, el periodista es el experto que no solo comunica unos datos, sino que entra en conversación con ellos, contextualizándolos, entablando una búsqueda crítica de la verdad. Si el ciudadano sin habilidades periodísticas se erige válido como periodista y el periodista se convierte en mercenario de empresas por *clics*, ¿dónde queda la buena información? Recuerdo una vez que me pidieron colaboración para unos artículos en un medio grande y muy famoso. Buscaban la opinión de una filósofa respecto a temas actuales. Tras un par de colaboraciones, donde mis frases se redujeron a tres palabras encajadas con calzador en artículos de «consejos para…», preferí no seguir colaborando. Comenté el porqué y la periodista se ofendió. ¿Está nuestra información al servicio de promover más pensamiento crítico o hemos sucumbido a las ansias de información del mercado?

LA INFORMACIÓN ES EL FIN. Siempre queremos más, no se sabe para qué ni cuándo se usará. Lo datos se venden con la rapidez de un rayo para conseguir más datos. Aunque se desconozca el objetivo, mejor poseerlos ya de inmediato que no hacerlo. La información da poder. La propia información se ha convertido en fin, en vez de en medio para buscar la verdad. En cambio, su verdadero valor reside en su calidad y su uso para buscar la verdad, no en la cantidad de esta que poseemos. Tras el escándalo de Facebook nadie tiene ya duda de que nuestros datos son usados por las empresas y compañías que tratan de persuadir nuestro pensamiento y nuestras acciones. Ellas se enriquecen movilizando emociones bajas, sesgos, información saturante y dolores en el pensamiento. Participamos en ello porque estamos demasiado enganchados a la información, a esa avalancha.

Es demasiado adictiva, morbosa, encantadora. Un poco más abajo veremos cómo hacernos un buen tratamiento de higiene informacional.

FAKE IT UNTIL YOU MAKE IT. Si todos somos expertos pero a su vez los verdaderos expertos están degradados, ¿de qué va exactamente todo esto? Va de fingir y de confundir. Finjamos ser lo que sea, decir lo que sea, posicionarnos donde sea, para vender. Muchas veces hay que hacerlo hasta para sobrevivir. Harry Frankfurt, filósofo americano y profesor emérito de la Universidad de Princeton, nos habla de que lo más preocupante de la actual charlatanería (*bullshitting*, genial palabra del inglés) es que no sabemos qué persigue, no está claro qué ideología y qué agenda tiene el charlatán. Se alimenta así la confusión, la conmoción por avalancha. Nos dice Frankfurt: «Puede que el charlatán no nos engañe, o que ni siquiera lo intente, acerca de los hechos o de lo que él toma por hechos. Sobre lo que sí intenta necesariamente engañarnos es sobre su propósito. Su única característica distintiva es que en cierto modo tergiversa su intención». Aquel que miente conoce la verdad, pues ha de responder a ella con su opuesto. Pero la posverdad va de otra cosa, de un desprecio a la verdad y una generación de confusión sobre la intención, como bien apuntaba Frankfurt: «El charlatán ignora por completo esas exigencias. No rechaza la autoridad de la verdad, como hace el embustero, ni se opone a ella. No le presta ninguna atención en absoluto. Por ello la charlatanería es peor enemigo de la verdad que la mentira».

\* \* \*

La clave, pues, para entender la posverdad es reconocer su falta de respeto por la verdad. La posverdad no solo cree difícil hablar de la verdad o considera discutible poder encontrarla. La posverdad desprecia la verdad, no quiere saber nada de ella. Y es que por un tiempo la verdad nos asustó; yo misma os he confesado mi miedo a defenderla de hace unos años. Me costaba reconciliarme con la palabra, creía que si me posicionaba a favor solo podía caer en discursos totalitarios y esencialistas, y si lo hacía en contra traicionaba mi intuición interna. Al fin y al cabo, soy hija de mi generación. Y de una realidad posverdadera que ha polarizado las opciones, que siempre usa el falso dilema para hacernos creer que estamos con ellos o contra ellos, que nos divide en una opción y su contraria. Los errores de otras generaciones, de la prepotencia de la ciencia, del abuso de poder de los expertos, de la falta de democratización del conocimiento o de la falta de comprensión de nuestras emociones no pueden solucionarse en el otro extremo de la balanza. Así, la posverdad desenfoca el punto medio, pretende emborronar el camino, nos impide ver con claridad. Y así, con esa borrosidad, ensalza la incertidumbre y el miedo. A lo que respondemos resguardándonos rápidamente en soluciones, las más fáciles, las más llamativas, las que estimulan las más bajas pasiones. Hace poco vi cómo una periodista consagrada se defendía ante un ciudadano que la había demandado por decir un dato falso de él. Ella ganó el juicio, pudo demostrar que la información que ella dio era correcta, es decir, que se deducía de sus fuentes. Ella se defendía en el medio insistiendo en la sentencia del juez y repetía que la información era veraz. Sin embargo, el dato que ella dio era falso: se trataba del lugar de nacimiento de ese ciudadano que quedaba probado por la información en su DNI (en este caso no había ninguna falsificación). El ciudadano era de Jerez y la periodista había dicho que era de Cuenca. No podemos decir que esa periodista decía la verdad, tampoco diremos que mentía a sabiendas. El ciudadano no podían entender por qué ella insistía en la veracidad de su información. La verdad es que yo tampoco. Este tipo de comunicación que desprecia la verdad cofunde al espectador. Puede que la verdad sea difícil de encontrar y puede que a veces no lo hagamos, pero no debemos despreciarla. Su búsqueda es el horizonte que ha guiado al ser humano desde el comienzo de los tiempos. Seguiremos hablando de cómo acercarnos a ella.

La posverdad nos devuelve al risco del caminante que, asombrado ante la realidad, habitando sus problemas y habiendo lanzado sus inquietudes en forma de preguntas, se encuentra precisamente con un mar de nubes. Pero a pesar de la nubosidad y la falta de claridad, no podemos dejar de caminar. No podemos dejar de buscar la verdad. La verdad vive en los hechos, las opiniones valiosas, las intuiciones certeras, las señales sabias del cuerpo, las miradas sinceras del otro, las construcciones colaborativas de ideas, los buenos argumentos, el compartir con un amigo que nos alumbra, los eurekas de los científicos, los inventos que nos ayudan, las soluciones prácticas y sanas. Cuando nos acercamos a la verdad nos sentimos bien: sanos, morales, originales. Integramos, no polarizamos. Abrazamos la complejidad e integramos visiones para un beneficio mayor. Empecemos a distinguir la información que nos ayuda a acercarnos a la verdad y la que no, para posteriormente distinguir entre hechos y opiniones.

## INFORMACIÓN VIVA, INFORMACIÓN MUERTA

Probablemente nunca hayamos tenido acceso a tanta información y esto, por sí mismo, no significa mayor conocimiento. Hemos apuntado hace un momento que la información es un medio para llegar a la verdad, el verdadero valor. De nuevo, Byung

Chul Han da en el clavo: «La sociedad de la transparencia no solo carece de verdad, sino también de apariencia. Solamente es por completo transparente el vacío. (...) Un aumento de información y comunicación no esclarece por sí solo el mundo. La transparencia tampoco lo hace clarividente. La masa de información no engendra ninguna verdad. Cuanta más información se pone en marcha, tanto más intrincado se hace el mundo. La hiperinformación y la hipercomunicación no inyectan ninguna luz en la oscuridad». Este pasaje entronca con nuestra crítica a la razón instrumental. La racionalidad instrumental proponía desvelarlo todo, hacerlo todo visible, medible, cuantificable, transparente. Creía tener el poder para abrir cualquier caja de Pandora, los secretos más intrincados del mundo. Al hacerlo, solo hemos quedado atrapados en la avalancha, en la borrosidad y en un aterrador vacío con nubes que dificultan la visión. Ahora, cuanto más podemos acaparar y medir, resulta que estamos más lejos que nunca de captar lo valioso, la verdad. El cambio de rumbo es la respuesta, también señalada por Han en otros pasajes: solo una bajada de ritmo, una práctica de la contemplación y una racionalidad más amplia nos permitirá acercarnos a lo que ansiamos conocer.

Este ruido que se ha apoderado de nosotros es ruido informativo, lo que muchos denominan *infoxicación*, haciendo referencia a la toxicidad de la información. Esta información se toca entre sí produciendo mucho ruido, un sonido que lejos de ser música, se hace inasumible y poco disfrutable. En este panorama, la propuesta práctica que cobra sentido solo puede pasar por una tarea higienizante. Nos hemos quedado atrapados por la ilusión de que podemos leer noticias, elegir bien el medio y lograr «estar bien informados». Para muchos, estar bien informados es sinónimo de pensar críticamente. Parémonos un momento a pensar qué es estar bien informado. ¿Crees que estar bien informado es tener toda la información necesaria para tomar una decisión o mantener un posicionamiento? ¿Es posible tener toda la información necesaria de algún tema hoy? A menudo pensamos que conocer todos los datos relevantes de un tema es posible, pero no es cierto. Es materialmente imposible para un ser humano disponer de toda la información necesaria para contrastar la verdad de todo lo que le rodea. Además, recordemos que la posverdad emborrona. No tenemos control sobre la información, no podemos tener todos los hechos relevantes sobre un tema. El camino hacia el pensamiento crítico deberá tener en cuenta estos aspectos. Primero, deberemos soltar el control sobre lo externo, sobre la información, y poner el control en nuestro pensamiento. Después, tendremos que practicar una higiene informacional. Tercero, convendrá distinguir los tipos de información. Cuarto, según estas distinciones, podremos entablar una búsqueda, una conversación con las informaciones sabias, donde podamos ir tocando esferas de verdad, conclusiones más universales, desde la humildad y la revisión constante, en espacios de diálogo con otras personas.

Tras soltar el lazo que nos ata a la información y colocar el peso de la acción en nuestro pensamiento, pongamos en práctica un comportamiento higienizante.

Trata de estar expuesto a menos cantidad de información. Apaga la tele, las plataformas, deja por unos días de ver Netflix. No veas tu móvil o las noticias, tu *feed* o Instagram a primera hora de la mañana. No hables de temas banales, cotilleos, los temas cansinos de la actualidad. No hables por hablar y calla primero. Reflexiona sobre tus sensaciones y tus pensamientos cuando haces esto. Retoma lo analógico y evita grabarte o tomarte fotos para compartir lo que haces: usa papel y lápiz, juega a las cartas, escucha música, visiona un libro de arte, canta, baila.

Sin embargo, tras haber hecho esto algunos días, no podemos engañarnos: la información es el acceso al mundo. Así que tendremos que hacernos cargo de ella también. No toda la información que nos llega nos sirve de la misma manera. Distinguiremos entre información muerta e información viva. La información muerta es información que no nos sirve. Por el contrario, la información viva es aquella que está circulando y sirviéndonos, aportándonos un valor y posibilitando la búsqueda de esa verdad. Veamos primero los tipos de información muerta.

Un primer tipo de información muerta es aquella que llamaremos *información saturante*. La información saturante es aquella que no podemos asumir, que no podemos gestionar y que carece de interés en ese momento. Más de veinte años conduciendo me hacen ser un conductora con cierta experiencia, que sabe cuándo alguien o algo está demasiado cerca de mi vehículo y que he desarrollado cierta destreza para aparcar. Aunque por supuesto no soy infalible. Pero en la actualidad, algunos coches vienen dotados con sistemas que avisan cuando hay un objeto a cierta distancia. Me veo en muchas ocasiones saturada por los pitidos que me avisan de que alguien está pasando por detrás o al lado, por la acera incluso, cuando yo estoy simplemente intentando esperar el momento idóneo, despejado de personas y otros coches para poder hacer la maniobra. Ocurre muchas veces que esos pitidos no me añaden nada, tan solo producen ruido que además me vuelve irascible. Afortunadamente, hay actividades que realizamos mejor sin tanta cantidad de información, pero la tranquilidad y la concentración cuando vas a aparcar sí se hacen indispensables. No estoy diciendo que no te valgas de ellas si te ayuda, pero no a costa de perder la concentración acerca de la realidad que tienes delante y la confianza en la información relevante que tú, por tus habilidades, estás captando en ese momento dada una cierta pericia en el asunto entre manos.

Así en esos casos, puede que tu coche no te esté dando más o mejor información, sino distracciones que te restan conocimiento de la situación. Cuando buscas en Google Maps una localización, la aplicación te da muchísima información acerca de lo que hay en esa calle pero tu mente inteligentemente la ha discriminado y no le hace caso, solamente se focaliza sobre el destino al que quiere ir. Date cuenta de que para las nuevas formas en las que la información nos llega hoy, no disponemos de un aprendizaje de discriminación suficientemente entrenado y eficaz para ignorarla adecuadamente. Así, en muchos momentos, de nuevo se vuelve información saturante que busca desesperadamente tu atención. Coloquemos esa información en la carpeta de «ni caso», apartémosla de nuestro foco y nos sentiremos más ligeros. Desechémosla rápido y sin dolor; es información muerta, no nos funciona en ese momento.

Existe otra categoría dentro de la información muerta que llamaremos *información inerte*. La información inerte no es información que ha captado nuestra atención y se despliega en ese mismo momento, a costa de nosotros, para saturarnos, sino información que ha captado nuestra atención y hemos tenido oportunidad de «guardar para después». La información inerte llena todas nuestras listas de favoritos, de deseos, de «ver después», tu carpeta de capturas de pantalla, etc. Podríamos alegar que mucha de esta información sí es luego utilizada y es relevante para diversos propósitos. Pero, de momento, no hace nada, está inerte, no se ejecuta y ocupa espacio. Es cierto que viene bien apuntar cosas en digital o analógico para luego, cuando uno tiene tiempo, poder investigar sobre el tema, consultar esa receta o ver esa película que te recomendaron. Es cierto también que dicen que al tenerla escrita en una lista despejamos ese espacio en nuestra propia mente. Pero, hazte las siguientes dos preguntas. ¿Cuánta de esa información no vas a pasar nunca a la vida? ¿Acumular en lo digital no te hace en cierto sentido un Diógenes digital? En muchos casos está consumiendo espacio en el móvil, el ordenador, la plataforma de turno y, sin quererlo, también en nuestra cabeza. ¡La cantidad de cosas que te estás perdiendo, que te quedan por ver, por leer...! Es lo que se conoce como el fenómeno FOMO (*fear of missing out*), es decir, miedo a perderte algo. Desechemos todo lo que podamos o reanimemos lo que consideremos valioso. La inerte es información muerta, no nos funciona. Si creemos lo contrario, reanimémosla.

Revisa tus favoritos y tus diversas listas. Vacía y sé más realista con tus expectativas. Si hay información en listas de deseos de consumo que no se adecúa a tus valores de consumo ahora, elimina esos ítems.

Veamos ahora cómo reanimar la información y qué valor tiene. Reanimar una información inerte consiste en dedicar tiempo a leerla, verla, captarla y entenderla. Asimismo, cualquier otra información que se nos presente y con la que hagamos exactamente eso tendrá la denominación de *información potencial* y pasará a ser una información viva. Sin embargo, todavía es una información que no se aplica en la práctica, que no hago cuerpo, que no desarrollo en la acción, con la que no soy consecuente. En uno de los diálogos que he guiado sobre temas relacionados con la pandemia, tratamos la siguiente pregunta: ¿vivo para preservarme o vivo para disfrutar? Las primeras respuestas enumeraban aquellas cosas que los participantes se habían dado cuenta que no querían seguir haciendo en sus vidas tras la llegada de la pandemia: trabajar tanto, estar todo el día en una oficina, no pasar mucho tiempo con la familia, vivir tan acelerado, consumir tanto. Concienzudamente y con información y bases sólidas, los participantes habían reflexionado y llegado a dichas conclusiones. Pero aun así, muchos de ellos apuntaban a que, una vez tenían claro lo que querían hacer, no eran consecuentes con tales decisiones, no las lograban llevar a cabo. Sin ánimo de simplificar al ser humano y siendo consciente de que las incoherencias y la dificultad de llevar ideas a la práctica son frecuentes en nuestras vidas, mantendremos que la información que habían recabado era información potencial, todavía su función se hallaba limitada. Porque solo la *información sabia* es aquella que además de ser comprendida es incorporada, encarnada. Si yo he llegado a la resolución de trabajar menos tras una indagación y observación de mi vida y mis hábitos, mi salud y mis valores, y lo pongo en práctica acotando las horas en el ordenador, destinando momentos determinados para contestar mails y reservándome espacios para el ocio o el disfrute, entonces podré decir que la información recabada sobre ese tema a la que he accedido es información sabia. Puede que algunos mecanismos más inconscientes estén impidiendo la transformación de la información potencial en sabia: que haya algún conflicto de intereses, que no se alinee con tus valores o tu sentir genuino, que haya algún tipo de presión social que impida su aplicación, etc. Así, o bien haces el esfuerzo de seguir indagando o decides dejar que esa información se quede en la teoría y continúe siendo potencial.

La *información sabia* es aquella que te interesa y te gusta, que investigas y comprendes y que, además, pones en práctica. Esa es la información viva que más sirve y nutre, y la que no sobra, ya no puede sobrar, está en tu cuerpo, encarnada, hecha acción. Es la que puedes transmitir y explicar con propiedad, es la que puedes aplicar con pruebas, es sobre la que puedes formar a otro, instruir, enseñar, es sobre la que puedes trabajar con profundidad y eficacia, con innovación, es esa la que permite los descubrimientos, la que nos ayuda a crecer y a crear, sobre la que puedes militar con legitimidad. Tratemos, pues, de desechar toda la información muerta y revisemos y exploremos la potencial, disfrutando de la información sabia al máximo.

## HECHOS, OPINIONES, OPINIONES VALIOSAS Y PREDICCIONES

Hasta aquí hemos hablado de nuestra forma de acceso a la realidad, mediada por nuestras mallas de capacidades sensoriales y otras de estructuras conceptuales de las que pronto hablaremos. Puesto que por ellas pasa la realidad y se convierte en información, es importante cuidar esas mallas. La información es moldeable, hemos visto cómo los mecanismos de la posverdad lo hacen para su beneficio. Hemos de concentrarnos en la información viva sabia, en aquella que nos facilita procesos de búsqueda de la verdad. Pero ¿qué es la verdad entonces? Comenzaremos a abordar aquí esa pregunta, aunque para entender toda su dimensión tendremos que esperar unos capítulos más.

Una vez que prestamos atención al pensamiento y practicamos una higiene mental, conviene distinguir, a su vez, diferentes tipos de fenómenos. Por un lado están los hechos y por otro las opiniones. En la antigua Grecia, la *doxa* era la opinión, algo que se refería a apariencias y no a la verdad, y la *episteme*, los hechos científicos que se podían probar. La posverdad desprecia la verdad y considera los hechos fenómenos interpretables, es decir, opinables. Así que conviene aclarar bien qué es un hecho, un hecho científico, una opinión, una opinión valiosa y una predicción.

Un hecho es algo que es cierto acerca de algo, nos dice de nuevo el alemán Markus Gabriel. Aquello que podemos decir que es cien por cien verdad ¿Qué es cien por cien verdad? Pues que yo estoy escribiendo esto ahora mismo, o que mis manos se posan sobre el teclado, o que tú estás leyendo esto. Son hechos, aunque ocurren en diferentes tiempos. En ciertos momentos, es verdad que llueve, que la taza está sobre la mesa, que hay elecciones tal día, que esas dos personas se están peleando. Desde un punto de vista razonable y sin entrar en cuestiones metafísicas más complejas, los hechos son cien por cien verdad. También podemos hablar de los hechos científicos, aquellos que establecen las teorías científicas y que son probados por el método científico. Por ejemplo, el sol es una estrella que brilla y nos proporciona luz y calor. ¿Son incuestionables? No, jamás. Los hechos científicos siempre son cuestionables y refutables por experimentos o nuevas teorías, ese es justamente el poder del método científico, que siempre debe aceptar nuevas comprobaciones. Como hemos visto, sin embargo, el método científico se acomodó en el poder hasta que fue cuestionado con la llegada de la posmodernidad y los estudios de la ciencia. ¿Hemos entonces de dudar de los hechos científicos? Sí y no. La duda y la indagación que nos permite afianzar, matizar u objetar un hecho para avanzar hacia la verdad es aceptable y necesaria. Pero decir entonces que no podemos confiar en el método científico o en los hechos de la ciencia sería desprestigiar a los expertos y cargarnos importantes áreas de conocimiento.

Sin embargo, no solo la ciencia nos acerca a la verdad. Siendo fieles a una visión más amplia, hay otras disciplinas que nos acercan a la verdad. En ellas hay opiniones valiosas. Hay muchas conclusiones, revelaciones, ideas, etc., que surgen de una indagación cuidadosa, de una escucha pausada y atenta, de una intuición certera, sosteniéndose sobre buenos argumentos, nutriéndose de disciplinas con siglos de historia y de expertos con sensibilidad ampliamente mostrada. Las humanidades y las ciencias sociales a veces no pueden adaptarse al método científico imperante de lo medible, y no por ello generan menos verdad. Sus verdades son imprescindibles e igual de valiosas. Sin embargo, hoy hay opiniones por doquier y no todas son valiosas.

Hay meras opiniones que no se sostienen en buenos argumentos, ni en intuiciones certeras, ni en autoconocimiento, ni en la sensibilidad de expertos.

Por último, entenderemos que los hechos científicos y las opiniones valiosas pueden generar predicciones de futuro. Como que el sol seguirá brillando mañana o que el amor por los otros nos llevará a un mundo más justo. Las predicciones podrán equivocarse, al igual que los hechos, y las opiniones valiosas podrán ser cuestionables.

 Distingue entre hechos, hechos científicos, opiniones valiosas y predicciones.

1.  El agua entra en ebullición a los 100 grados.
2.  El sol se puede ver desde la tierra ahora mismo.
3.  Mañana saldrá el sol por el este.
4.  Estás leyendo este libro.
5.  Entre Palestina e Israel hay un conflicto.
6.  Creo que la gente es muy superficial.
7.  El pensamiento crítico ha de comenzar con una suspensión del juicio.

Las dos primeras son afirmaciones que consideramos hechos científicamente probados. La tercera es una predicción que se basa en hechos científicos con una formulación que no es literal (el sol no sale, en realidad...). La cuarta y la quinta son hechos: algo cierto acerca de algo. La sexta es una opinión a secas, que no está fundamentada. Y la última catalógala tú: ¿crees que es una opinión valiosa o una mera opinión? Puedes catalogar una opinión como valiosa y aun así estar en desacuerdo con ella. Si consideras que es valiosa, ¿qué hace que lo sea? ¿Qué la diferencia de la anterior? ¿Puedes pensar otros ejemplos de opiniones valiosas?

En este capítulo nos hemos puesto delante de la realidad, tratando de encontrar respuestas o primeras pistas para abordar nuestros problemas y no hemos podido dejar de mirar el mar de nubes de la posverdad. Aprender a lidiar con esas nubes grises, confiando en poder entablar una búsqueda hacia un horizonte de verdad, pasa por entender cómo acceder a esa realidad, cómo distinguir entre tipos de información y practicar una higiene informativa y, finalmente, entender qué es un hecho y qué opiniones considerar. Confío en que la realidad sea menos inaccesible ahora y podamos navegar mejor esos mares y cielos informativos revueltos.

## LA PREGUNTA

En este capítulo miramos la realidad para saber cómo recabar información para abordar nuestros problemas. Si has definido un problema en el anterior capítulo y tratas de recoger información, ahora puedes continuar con estas preguntas:

¿Qué hechos puedes recoger sobre tu problema?
¿Qué opiniones valiosas?
¿Qué información viva te ayuda a abordarlo?

Desecha información muerta y meras opiniones.

# CAPÍTULO 4

# La ética del pensamiento

Recuperando el asombro nos sobrevienen problemas que se han podido transformar acertadamente en preguntas. Al mirar a la realidad ya sabemos cómo despejar el mar de nubes de la posverdad. Una vez que tenemos preguntas bien definidas e información viva, seguro que algunos estaréis tentados de ir ya caminando hacia la solución. Parad. Nos queda abismo que despejar, no vaya a ser que nos caigamos por el risco. Pareciera que una vez que tenemos la pregunta, ya podemos embarcarnos en un proceso de análisis y búsqueda de la solución. Sin embargo, precisamente para que esa pregunta sea buena, consciente y completa y, valiéndonos de los criterios que tenemos ahora para distinguir información, hechos y opiniones, hemos de recorrer otro importante aspecto: la ética. Pero ¿no es la ética el final del camino? ¿Tiene sentido preguntarse por la ética de mi pensamiento y no solo por la ética de las soluciones y acciones que propongo al mundo?

En este capítulo abordaremos en qué consiste la ética, cómo determina nuestra forma de mirar los problemas desde el principio, cómo se relaciona con aquello que más nos mueve interiormente, nuestro sentido, y con nuestras valoraciones más instantáneas, las emociones. Finalmente, tratando de dirigirnos en buena dirección, hablaremos de la ética de las virtudes para despertar en nosotros un compromiso continuo hacia la búsqueda del buen pensar y del buen hacer.

## NO PUEDES NO TENER ÉTICA

Obsesionados con el final del cuento, con los resultados felices y acomodados a nuestras necesidades, vendidos en brillantes *posts* cargados de las más sutiles estrategias de *marketing*, nos enfrentamos a problemas, que no queremos llamar como tal, y los limpiamos llamándolos retos. Los miramos de reojo, los definimos en modo borrador y, eso sí, nos dedicamos días y meses a definir con precisión soluciones con toda suerte de matices. Y justo el día antes, casi al borde de la entrega o de la decisión, cuando ya estamos levantando el pie para actuar y como si en ese instante nos diéramos cuenta de que se nos ha olvidado algo importante, nos preguntamos: ¿está bien lo que voy a hacer? ¿Mi decisión daña a alguien? ¿Voy a actuar éticamente? Como si en una maratón, a escasos metros de la línea de meta, nos diéramos cuenta de que nos hemos olvidado del dorsal.

Rebuscamos rápidamente, tratando de encontrar nuestros valores en alguna parte de nuestra mente o en algún latido de nuestro corazón y seguidamente, ante la falta de señal, nos convencemos a nosotros mismos y a los demás, si hace falta, de nuestro apresurado posicionamiento. Hacemos que cuadre con algo de lo que pensamos que son nuestros valores, nuestra moral, quizá la moral de la empresa o de nuestra familia, y pensamos en no defraudar a nadie, en no crear terribles consecuencias para ningún grupo relevante, sobre todo para nuestros consumidores o para nuestros compañeros de vida, para nuestros padres, para nuestros hijos. Con cierta autocomplacencia, excusándonos por no poder hacer más en un mundo complejo, decidimos si vamos hacia delante con esa solución, esa decisión o esa acción en menos de cinco minutos.

Esta pauta caería bajo lo que hemos llamado la sociedad de la solución. Un problema esbozado, por el que se pasa rápido para que no duela. Una solución donde se invierte todo: tiempo, dinero, espacio. Una ética como añadido para lavar nuestra conciencia y no provocar demasiado daño. Os contaré una pequeña anécdota que ilustra de nuevo esta secuencia y que fue compartida conmigo en uno de los talleres que di durante el confinamiento de 2020. Una importante compañía de bebidas, nada más decretarse el confinamiento producido en Marzo de 2020 en España y cuando el mundo se paraba, reaccionó rápidamente embarcándose en un proceso de diseño de una acción para una campaña que les permitiera seguir vendiendo en tan delicada situación. Las ideas de los creativos apuntaban al uso de las terrazas privadas de las viviendas, los balcones y las ventanas de las casas de la gente. Proponían trasladar allí el momento del aperitivo o del *afterwork*. En ese espacio se compartiría una bebida, se celebraría y socializaría convidando a vecinos de ventana a ventana. La idea prosperó y pasó los filtros de los diferentes departamentos y sus respectivos directivos. Finalizada, la propuesta se presentó a uno de los máximos jefes que la echó para atrás de inmediato. Esta persona lo vio claro: argumentó con contundencia que no era momento de centrarnos en el disfrute frívolo a la hora del aperitivo o el *afterwork* en casa, sino que era un momento sensible, complejo y de sufrimiento para mucha gente. Se le replicó: «Otras empresas lo harán», a lo que contestó tajante: «Que lo hagan, nosotros no».

Nos podríamos preguntar si los creativos que idearon la campaña tenían o no ética o si simplemente su obsesión por hacer una campaña transgresora y efectiva les nubló el juicio moral. ¿Tendrían unos valores diferentes al jefe? ¿Hicieron bien su trabajo? ¿Debe haber comités éticos especializados en las empresas que evalúen las campañas? ¿Cuándo es buen momento para preguntarnos por la ética de un proyecto, de una decisión o de una acción?

Intentaremos dar respuesta a todas estas preguntas. Pero vayamos por partes. En primer lugar, diremos que no existe ninguna persona que piense cualquier cosa sin una ética detrás. Es decir, no somos amorales. Por más que lo intento no puedo imaginarme una sola persona pensando, abordando problemas y solucionándolos, tomando decisiones sin ningún tipo de contenido moral. En primer lugar, porque el conjunto de normas y costumbres, lo que se ha llamado tradicionalmente *moral*, es algo aprendido culturalmente, así que esa mochila está ahí queramos o no, se cuela en nuestra mente y en nuestras acciones que se impregnan de lo que se nos ha inculcado. Y en segundo lugar, porque los seres humanos siempre actúan en función de cosas que valoran. Es decir, todos damos más importancia a unas cosas que a otras, por influencia de la cultura y la educación, como decíamos en la primera razón, y por apetencias, elecciones reflexivas, vivencias particulares, etc. Nuestras preferencias dirigen nuestro pensamiento, decisiones y acciones; se pueden entender como valores cuando se concentran en aspectos o áreas que consideramos clave en el desarrollo de nuestra vida. Asimismo, también los seres humanos reflexionamos sobre el bien y el mal, y a eso tradicionalmente se ha llamado *ética*. No obstante, aquí hablaremos de ética para referirnos tanto a las costumbres, normas y valores como a los criterios de bien y mal. Así, todos tenemos unas normas y costumbres morales aprendidas e interiorizadas, unos valores y unos criterios de lo que está bien y mal; todos tenemos una ética. Para aclarar brevemente estos componentes de la ética, diremos, por ejemplo, que una costumbre puede ser saludar a las personas mayores cuando te las cruzas, una norma socialmente aceptada puede ser respetar a los mayores, un valor puede ser la experiencia, y podemos reflexionar sobre lo que está bien y mal: está bien tener consideración y cuidado por los mayores, y una mayor empatía porque es una población vulnerable, y está mal no tener en cuenta dicha vulnerabilidad, no empatizar con ellos y actuar pasando por alto sus necesidades.

No obstante, nuestras costumbres, normas, valores y criterios de bien y mal, es decir, nuestra ética es, con frecuencia, invisible para nosotros. Interiorizada de niños o puesta en jaque y modificada en momentos de impacto en nuestra vida (cuando alguien fallece, nos traicionan, tenemos que tomar decisiones complicadas, pasamos por grandes cambios físicos o mentales, etc.), vuelve pocas veces a la superficie. Al ser preguntados, nos costaría identificar una lista de valores, unas virtudes o los códigos morales que nos guían en el día a día, más allá de los clichés culturales a los que tenemos acceso. Y de aquellos que pudieran hacer esa enumeración, pocos podrían explicar de dónde vienen, sobre qué razones y ejemplos se sostienen y cómo pueden cuestionarlos para mantenerlos vivos y vigentes. La reflexión sobre nuestra ética es prácticamente inexistente. Y, sin embargo, nuestra ética va con nosotros a todas partes. Es ese algo intangible y que está al fondo de nosotros, el que nos acompaña en ese mirar al mundo cuando nos enfrentamos a un problema. Nuestra ética está en todo lo que pensamos y hacemos.

Por tanto, puede que aquellos creativos de la empresa de bebidas tuvieran una ética diferente o, más probablemente, puede que hubieran simplemente puesto en funcionamiento por defecto una *ética instrumental*, derivada de la razón instrumental, de maximización de beneficio. Esa ética marcó la forma en que definieron el problema, que bosquejaron rápido, con la presión de sacar una solución ante una realidad que se había dado la vuelta y un panorama de máxima incertidumbre. El problema rápidamente definido, sin cumplir ningún estándar de pensamiento crítico, impregnado de valores instrumentales de maximización, efectividad, superficialidad, etc., dio con soluciones afines a esos valores. ¿Cómo podría ser de otra manera? Las soluciones perpetúan los valores que desde el principio están ahí, pensamos desde ellos, definimos el problema desde ellos, formulamos la pregunta desde ellos. Pero en esta pauta repetida donde los valores se hacen invisibles y la ausencia de pensamiento crítico es patente, llegamos a la solución y nos vemos abocados a la ética como añadido, aquella que ha de confiar en que al final de la cadena alguien se dé cuenta de que lo que se va a hacer no es ético. Y ahí, en ese momento, la ética se convierte en un parche, en algo incómodo que se quiere despachar cuanto antes. Aquellos que se dedican a comunicación de crisis se quejan de que sus clientes acuden a ellos desesperados para pedirles soluciones a grandes escándalos de imagen. Buscan ese milagro cuando ya está todo el lío montado, podríamos decir, en vez de haberse parado desde el principio a pensar los valores que impregnaban su pensamiento y sus acciones.

La ética instrumental se define con valores de maximización, superproductividad, egoísmo, materialismo, explotación del otro, dominación y destrucción de la naturaleza, razón instrumental, etc. Definiendo desde ella los problemas, surgen conflictos y daños que se tratan de paliar con la ética como añadido después. A falta de una exploración consciente de nuestra ética, solemos incorporar esta ética instrumental de serie y desde ella miramos el mundo.

Más aún, no solo siempre llevamos una ética con nosotros, sino que esta ética siempre trata de buscar el bien para nosotros. Definimos los problemas, formulamos la preguntas de acuerdo a nuestro bien, a lo que entendemos o sabemos, en ese momento, que es nuestro bien. Sí, desde una ética instrumental también pensamos que estamos buscando nuestro bien. Desde luego aquellos creativos así lo pensaban: creían estar proponiendo una campaña para su bien, el de sus compañeros, el de su empresa, el de los clientes. Si nos equivocamos o actuamos mal es por pura ignorancia de dónde está o por dónde se llega a ese bien. A esta idea se la conoce como *intelectualismo moral* y es defendida por pensadores antiguos como Sócrates, por corrientes como el estoicismo y por muchas filosofías sapienciales (aquellas tradiciones de sabiduría, filosofías o religiones que comparten verdades, como el estoicismo, el budismo, el taoísmo, etc.). No definimos problemas ni formulamos sus respectivas preguntas desde un lugar que busque el mal para nosotros. Como diría Mónica Cavallé en *El arte de ser*, donde aborda las verdades a las que han llegado las filosofías sapienciales, «la vida nunca sabotea sus propios objetivos». Para aclarar este punto diremos que alguien que actúa de forma vengativa o mezquina, por ejemplo, haciendo algo para fastidiarte (recuerdo un compañero de piso que se comió unos bizcochos que hice para un evento porque estaba enfadado conmigo en ese momento), no lo hace por hacer el mal, sino porque es la forma que encuentra de sentirse mejor, cree que ese es su bien, aunque parezca obvio su error. En esos casos, diremos que esa persona no tiene un buen autoconocimiento y, desde luego, tampoco un buen pensamiento crítico que le permita desvelar errores de pensamiento, problemas mal definidos, etc. En cambio, unidos a esos errores, existe también un ética inconsciente, invisible, prestada y pervertida por unos valores que nos impiden ver el sufrimiento de los demás y las consecuencias de los actos. Muchas veces, en nuestras historias personales y en la historia de la humanidad, solo cuando vemos claramente la injusticia cerca o el sufrimiento, somos capaces de comenzar a cuestionarnos. Hasta entonces, a veces, ni nos damos cuenta.

En resumen, todos tenemos una ética, unas costumbres, normas, valores y concepciones del bien y el mal, desde la que miramos el mundo y definimos los problemas. Por defecto, solemos adoptar la ética imperante o alguna prestada. La ética instrumental provoca problemas para otros y para el planeta, que luego se tratan de remediar *a posteriori*. Hablaremos sobre esos parches éticos en un momento. El pensamiento crítico nos invita a sacar nuestra ética de la invisibilidad, y a explorarla y cuestionarla.

Recuerda decisiones importantes que hayas tomado. ¿Puedes identificar los valores desde los que las tomaste? ¿Estás de acuerdo con esos valores o te sorprende descubrir valores en esas decisiones a los que no asentirías ahora? Intenta rastrear de dónde vienen dichos valores.

## LA ÉTICA ESTÁ AL PRINCIPIO

Para la filósofa española Adela Cortina, «la moral no puede ser nunca algo añadido desde fuera al ser del hombre o a una actividad concreta, sino su propio desarrollo cuando está "en su propio quicio y vital eficacia"». Por tanto, cuando asombrado e interpelado por la realidad, en tu propio quicio, te planteas un problema, has de ser consciente de que el problema que te formulas está presidido y determinado por la ética que encarnas. Y, por tanto, pertenece a tu propio desarrollo, al propio desarrollo del ser humano en el que tú estás creyendo. Tan desde el principio está y tan importante es, que no puede ser un añadido desde fuera, un parche al final. Pero entonces, ¿por qué se aborda al final?

Recordemos que la sociedad de la solución ponía a la solución en el centro, es decir, el final que ofrecía la solución era lo más preciado y deseado. Por un lado, en el proceso de búsqueda de la solución, la razón instrumental aspiraba a ser aséptica, técnica, perfecta y libre de intromisiones, de emociones o valores. José Carlos Ruiz en *El arte de pensar*, un libro donde también se aborda el pensamiento crítico, recoge una nota de los cuadernos de Oppenheimer, uno de los padres de la bomba atómica, que dice así: «Cuando ves algo técnicamente atractivo sigues adelante y lo haces; solo una vez logrado el éxito técnico te pones a pensar qué hacer con ello. Es lo que ocurrió con la bomba atómica». En este comentario es patente la concepción de la razón instrumental. Oppenheimer habla de que, inmerso en el problema, estaba totalmente desconectado de su ética. Nosotros diríamos que no solo estaba desconectado de la reflexión ética, sino que adoptaba la ética instrumental por defecto.

Luis Montero, filósofo dedicado al mundo del diseño durante décadas, nos habla de este tipo de ética en *El diseño de nosotros mismos* así: «Maximizar el rendimiento-felicidad del sistema productivo es bueno para la comunidad a pesar de que esa maximización arramble con unos cuantos puestos de trabajo, camas de hospital, subsidios de desempleo, formaciones profesionales, etc. Y es que dentro de un sistema utilitarista las decisiones utilitaristas son moralmente premiadas». Esto explica a la perfección la ética subyacente al sistema que todos hemos asumido como propia y que nuestra sociedad premia continuamente. Así, desde el principio, el enfoque de nuestros problemas ha venido de esa ética utilitarista o instrumental de maximización regida por la razón instrumental. Desde ahí se han definido los problemas y de ahí han venido después soluciones afines, maximizadoras, que han arramblado con personas y vidas, reduccionistas con otros aspectos humanos, arrinconadoras del cuidado, devastadoras con el planeta. Cuando hemos visto que esas soluciones son inasumibles por más tiempo, hemos querido acudir a la ética como parche. No nos hemos dado cuenta de que nuestra ética instrumental, que está ahí enmarcando, debe ser cuestionada en profundidad. Pero ¿cuáles son los parches que se han puesto?

Actualmente asistimos a diversos escándalos respecto a la ética de muchas empresas; especialmente vigente es el debate en torno a la ética en la inteligencia artificial. O, por decirlo más claro, todas las aplicaciones y funcionalidades de la tecnología que usamos están produciendo desigualdades, presiones, daños a personas, adicciones, control excesivo, usurpación de identidades y uso de datos privados, por nombrar algunas de sus consecuencias. Así, estas tecnologías, al contrario de lo que se cree, no son neutras, su diseño se hace desde una ética instrumental. Y es ahora cuando la sociedad ha comenzado a sentir esos daños cada vez más, a la vez que algunos expertos han alertado de sus peligros. Las organizaciones han tirado de comités y expertos en ética, hasta han llamado a algún filósofo para que remedie los desaguisados. Tristan Harris es un especialista en ética del comportamiento humano que trabajó para Google. En 2015 salió del gigante americano y desde entonces trata de desmarcarse de la carrera tecnológica que lucha por nuestra atención y nuestro tiempo. Ahora es un defensor de una tecnología más ética y humana que se construya alrededor de valores como el buen uso del tiempo, y no alrededor de la maximización del beneficio para las empresas tecnológicas a costa de promover adicciones en las personas. No obstante, Google también tiene un comité de ética, aunque este lleve años acumulando escándalos: los propios expertos independientes contratados en un primer momento son luego despedidos por la misma empresa. Podemos preguntarnos si Google trata de verdad de abordar las cuestiones éticas, o simplemente de aprovechar ese tirón actual de la ética para blanquear su imagen. Y lo que sucede en Google se puede extender al resto de empresas y compañías. ¿Son sus valores, los que aparecen en las webs corporativas, simples estrategias de *marketing,* o realmente encarnan una ética desde la que se enfocan los problemas y las soluciones que aportan estas empresas a la sociedad? No creo que ahora mismo sea lo segundo.

Exploremos un caso relacionado con la moda. Este caso nos servirá a partir de aquí de apoyo durante todo el capítulo. Imaginemos que tenemos una empresa de ropa. Nuestra empresa se enfoca en buscar la excelencia en el diseño, la innovación y la sostenibilidad; así aparecen los valores en la web. Sin embargo, nuestros procesos son los mismos que una empresa que no tiene esos valores y tan solo nos limitamos a realizar algunas acciones sostenibles. Nuestro mayor reto se podría condensar en esta pregunta: ¿cómo sacamos colecciones cada cuatro semanas con alta calidad de diseño y que sean sostenibles? Si nos damos cuenta, aunque hemos incluido la sostenibilidad en nuestro problema, sigue teniendo una función de parche, secundaria, porque desde una ética no instrumental y más ecológica daríamos un paso más atrás: ¿con qué frecuencia podemos sacar colecciones de forma sostenible y con alta calidad en el diseño? Y podríamos seguir explorando nuestra ética para llegar a preguntas como: ¿cómo puedo vender moda sostenible? ¿Es la moda sostenible? Estos planteamientos del problema surgen de cuestionar la ética instrumental y adoptar éticas más ecológicas.

Se hace, entonces, imperativo, indagar en nuestra ética, plantearnos de dónde vienen nuestros valores, qué tipo de acciones consideramos buenas y malas, desde dónde vamos a abordar nuestras decisiones empresariales, nuestro diseño de productos, desde dónde abordamos nuestra vida y nuestras decisiones diarias. Observemos, pues, nuestras herencias éticas y cuestionemos su vigencia, observemos los códigos y prácticas de moda en nuestras disciplinas y compongamos nuestro propio mapa con valores con los que nos sintamos alienados y que queramos imprimir en el mundo. En definitiva, exploremos nuestra ética, porque desde ella pensamos el mundo.

# EL SENTIDO ÉTICO DE LA VIDA

Es habitual seguir viendo la ética como algo externo a nosotros, como ese «añadido» al que se refería Adela Cortina. No podemos dejar de pensar, para bien y para mal, que la familia, la educación que hemos recibido y la cultura en la que vivimos nos han inculcado unos valores. Sentimos que han venido de fuera de nosotros. A su vez, la palabra ética suena lejana, abstracta, elevada, como principios para dioses que no son de este mundo. Porque en este mundo hay dilemas complicados, emociones en conflicto y difíciles decisiones que enfrentar. ¿Qué pasa si, tras muchos años, llega el trabajo de nuestros sueños con las condiciones de nuestros sueños y resulta que es para una organización cuyos valores distan mucho de los míos? ¿Cómo resolver los dilemas en la práctica? ¿Cómo podemos acercarnos más a la ética? Veamos cómo la ética no está tan alejada de nosotros, del bien que sentimos como más propio, ni de las emociones o el cuerpo, y cómo podemos cultivar su desarrollo y despliegue real en las decisiones y acciones. Hablaremos de sentido, emociones y virtudes. Empecemos por el principio.

Partimos de la idea anterior: la ética está enmarcando desde el principio nuestra forma de definir los problemas. Las costumbres y normas, los valores y los conceptos de bien y mal impregnan las preguntas que nos hacemos. Pero ¿cómo se conectan los valores abstractos con mi sentir personal?

Daremos un pequeño rodeo para responder a estas preguntas. La sociedad de la solución nos convierte en seres con objetivos, que solo se preocupan por llegar a ese final deseado. Esa misma sociedad dibuja desdichado al individuo que no llega a alcanzar sus metas, y dichoso a aquel que alcanza una tras otra. Sin embargo, puede haber mucha desdicha en llegar al final, sobre todo si hemos perdido de vista nuestro sentido y todo han sido medios, incluso nuestra razón, nuestra ética y nosotros mismos, para llegar a la ansiada meta. Seguro que habéis experimentado esa sensación de vacío una vez lográis un objetivo en el que llevabais tiempo trabajando. Ese vacío puede tener varias causas y, sin duda, el agotamiento por el trabajo duro que has puesto para conseguirlo es una de ellas. Pero sospecho que, enfrascados en el esfuerzo y con el foco por llegar al objetivo, perdemos la conexión con nuestro sentido. Este movimiento de vuelta al sentido puede surgir de forma natural, basta parar para reconectar y el vacío desaparecerá. Si embargo, si tu vacío es más grande, deberás preguntarte si acaso no has perdido de vista lo que te mueve más profundamente y que no se agota en la meta a la que querías llegar.

Nuestros deseos y anhelos más profundos residen en otros lugares distintos a las metas. Lo que nos mueve sin descanso es más interno que los meros objetivos. Llamémoslo *sentido*.

Con permiso de aquello de moda, al hablar de propósitos y sentidos de la autoayuda y el *coaching*, hemos de reivindicar que la filosofía siempre se ha preguntado por el sentido de la vida. Ese asombro humano primigenio se manifestaba con la pregunta primera: ¿para qué estamos aquí? ¿Cuál es nuestra misión como seres humanos? La gran pregunta que la historia del pensamiento ha respondido de innumerables maneras no nos está hablando de los objetivos que hemos de conseguir, de si logro ponerme en forma, llegar a ese puesto que ansío, montar mi propio negocio, tener pareja o aprender a cantar. Esas preguntas por el sentido nos hablan de estar dotados de una energía interna que ilumina con armonía y constancia tus diferentes caminos y objetivos. Una energía interna que se refleja continuamente en lo concreto y que para algunas personas se revela como una misión de vida. La sienten como un marco de significado que, como un aura, como si fuera un hilo imperceptible que te sujeta, hace que no decaigas, que persistas. A la vez hace de suelo sobre el que recostarse y de hilo que te eleva, que parece señalar más allá de ti. Recuerdo una época no muy buena donde decidí irme de retiro unos días. En aquel retiro elegido, rodeada de naturaleza, se podían hacer diferentes actividades: masajes, meditaciones, yoga, etc. Un día me levanté y decidí darme un masaje. Yo estaba bastante de bajón, como se suele decir. Para mí era un momento de pérdida, de desamor y de confusión personal. Después de relajarme y dejarme hacer en el masaje, con los ojos cerrados, la masajista me fue indicando que me colocara sentada. Me senté y ahí me mantuve, tal y como ella me dijo. Me senté con las piernas cruzadas y seguí disfrutando las sensaciones del masaje. Ella, al cabo de un rato, me dijo: «Tienes una forma de estar en el mundo muy bonita, una postura y una energía preciosa». Me sorprendió; mi estado de ánimo desde luego que no era así. Sin embargo, en ese momento, me sentí relajada y bien, reconfortada dentro de mí. Puede que mi sentido, esa energía interna que emanamos si dejamos salir a nuestro Ser, siga ahí a pesar de los diferentes momentos, los fracasos o los éxitos.

Aclaremos algunas cosas más sobre el sentido. Tradicionalmente se dice de alguien que cambia muchas veces de profesión, de proyecto o de pareja que está perdido, que es una veleta o que no sabe lo que quiere. Sin embargo, hay gente que mantiene su sentido pese a los diferentes y variados caminos que opte por emprender; sin duda, puede que en cada momento encuentre diferentes formas de actualizarlo. Quizá en este momento resulte extraño hablar de sentidos, porque la autoayuda y la espiritualidad falsa han hecho suyas la búsqueda de sentido genuina. La pregunta por el sentido no puede ser más humana ni más filosófica. Y ya dijimos que todos éramos filósofos. Si miramos dentro, hallaremos deseos profundos y verdaderos, sentidos que nos inspiran todos los días para levantarnos de la cama y nos dan finalidades (que no objetivos) por los que vivir.

Así, ese sentido, como energía interna, sostenedor de hilos desde arriba y dador de firmeza en el suelo, nos hace transcender, ir más allá de nosotros mismos, caminar desde nuestros anhelos de bien hacia los anhelos de bien para otros, conectarnos con algo más grande que nosotros mismos. No en vano, cuando somos preguntados por él, siempre hablamos del sentido que nos dan nuestros hijos, nuestra familia o hacer el bien. En definitiva, hablamos de la excelencia como seres humanos, de los aportes a la comunidad, del amor. Nuestra energía más interna habla de ser mejores seres humanos y del amor como motor fundamental de la vida. Ahí estamos unidos, conectados entre todos. Y es esa energía interna que nos impulsa hacia el bien y el amor la que nos muestra claramente que la ética no está lejos ni fuera, ni es un montón de «deberías» añadidos por la cultura. La ética está en el corazón mismo del ser humano, iluminando y rabiando por expresarse, por irradiar hacia fuera y atravesarnos con su luz.

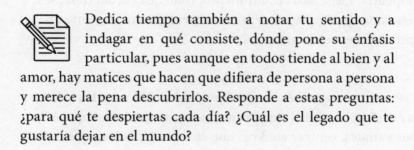 Dedica tiempo también a notar tu sentido y a indagar en qué consiste, dónde pone su énfasis particular, pues aunque en todos tiende al bien y al amor, hay matices que hacen que difiera de persona a persona y merece la pena descubrirlos. Responde a estas preguntas: ¿para qué te despiertas cada día? ¿Cuál es el legado que te gustaría dejar en el mundo?

Haremos una última aclaración práctica. Cuando abordamos un problema, es común creer que debemos tener claro el objetivo al que queremos llegar. Así lo expresan muchos líderes y gestores en las organizaciones, fruto de esta racionalidad instrumental aprendida. Sin embargo, si lo pensamos por un momento, siguiendo todo lo dicho hasta ahora, esto contradice nuestra visión. Por un lado, fijarnos un lugar determinado al que queremos llegar es hacer trampas en el pensar críticamente. La pregunta que inicia el proceso no puede conocer ya la solución, la respuesta o el objetivo a alcanzar, eso aniquilaría la creatividad del proceso y nos volvería a situar en la solución y no en el habitar el problema. Por otro lado, en muchos casos, esto es simplemente una expresión más de la confusión entre objetivo y sentido. Lo que buscamos ahí es un sentido que nos aporte referencia y sostén. De nuevo, ahí deberemos explorar nuestra ética y nuestro sentido. La exploración de sentidos y éticas individuales y sentidos y éticas comunes en equipos o grupos es clave para movilizar bien la energía colectiva.

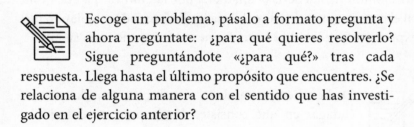 Escoge un problema, pásalo a formato pregunta y ahora pregúntate: ¿para qué quieres resolverlo? Sigue preguntándote «¿para qué?» tras cada respuesta. Llega hasta el último propósito que encuentres. ¿Se relaciona de alguna manera con el sentido que has investigado en el ejercicio anterior?

Por último, ¿cuál es la relación de mi sentido con los valores y la ética? Volvamos al ejemplo de nuestra empresa de ropa. Ahora nos vamos a centrar en Ana, que es una diseñadora que trabaja para nuestra empresa de ropa. Recordemos que los valores de nuestra empresa de ropa eran la excelencia en el diseño, la innovación y la sostenibilidad, y su principal reto ahora se resumía en esta pregunta: ¿cómo sacamos colecciones cada cuatro semanas con alta calidad de diseño y que sean sostenibles? Ana trabaja para nuestra empresa y, aunque su trabajo le gusta, tiene otras aspiraciones. Ana es una apasionada del diseño, es una persona con un sentido del gusto especial, cree que la moda nos ayuda a expresar una belleza natural en armonía con el entorno. Quiere llevar su pasión más allá, trasladarla a los demás, y se le ha ocurrido hacer diseños aprovechando materiales de la naturaleza, como pétalos de rosa o algas. En la actualidad, su sentido no se alinea mucho con el de nuestra empresa porque los valores que nosotros decimos tener no enmarcan de verdad nuestro negocio. Ana lleva meses en conflicto y no sabe cómo actuar. Su sentido parece indicarle que sus valores y ética van por un lado muy diferente al de nuestra empresa. Nosotros tratamos de hacer que esté motivada y la invitamos a hacer propuestas de proyectos más afines a ella. ¿Creéis que es suficiente? ¿Será suficiente para Ana?

En resumen, el sentido nos conecta con valores concretos. Ana puede reconocer que le mueven unos valores más sostenibles, están dentro de ella. Así, su ética y su sentido se tocan. Ambos surgen de dentro de ella. Y la conectan con los demás en un anhelo de contagiar a otros con sus valores. Sigamos, entonces, entendiendo lo cerca que está la ética de nosotros. Veremos su relación con nuestras emociones.

## LA ÉTICA INTEGRA

Ahora reconocemos cómo la ética está al principio, enmarcando todo pensamiento sobre el mundo y toda definición de problema. También la ética está cerca de nosotros, resonando con los sentidos más íntimos y personales, a la vez que, desde fuera, se adhieren a ella herencias culturales. Pero nos habíamos dejado un elemento muy importante que no puede faltar para terminar de acercar la ética a nosotros. Abordemos la relación entre ética y emociones, y cómo la ética integra emoción y razón en su máxima expresión humana.

Los seres humanos somos más que una mente. Por ello, el pensar críticamente busca apoyarse en una nueva racionalidad que nos integre de nuevo, que no nos desmiembre emocionalmente ni nos arrebate el sentido reduciéndonos a un cerebro maximizador. Las emociones no son ya elementos que hemos de constreñir para liderarnos a nosotros mismos, sino que son claves en nuestra supervivencia y en el desempeño adecuado de la función cognitiva, según reconocía el neurocientífico Damásio. Para sus investigaciones, estudió con detenimiento el caso de un capataz de construcción, Phineas Cage, que sobrevivió a un fatal accidente donde su cerebro fue atravesado por una barra de hierro lanzada por una carga de dinamita en la obra que llevaba a cabo. Phineas Cage no solo sobrevive, sino que camina, habla y vuelve a su vida al poco. Sin embargo, Cage, que era un hombre listo y temperado, cambia a una persona grosera, sin piedad ni paciencia. Damásio nos dice: «Después del accidente se convirtió en un individuo irrespetuoso y amoral, cuyas decisiones no cuidaban sus intereses más elementales». Cage tenía las funciones cognitivas intactas pero dañada la zona de las emociones y la conducta moral. «Emoción, sentimiento y regulación biológica juegan entonces un papel en la razón humana. Los engranajes más primarios de nuestro organismo intervienen, están implicados, en los procesos más elevados de razonamiento», afirma Damásio. La razón sin emoción no funciona, al igual que tampoco la emoción sin la razón. Por tanto, las emociones no son un estorbo, sino una parte fundamental: ellas nos ayudan a pensar críticamente.

Si bien las emociones son naturales y están presentes en toda persona sana, la forma en las que las experimentamos tiene que ver asimismo con las preferencias personales, la ética, el sentido y la cultura. Pondré un ejemplo para entender esto de forma más intuitiva. Si bien experimentar un malestar cuando una madre se separa de su bebé es una reacción instintiva y adaptativa, y funciona para que el apego se construya de forma sana, ese malestar también ha sido aplaudido por una sociedad que buscaba asegurar el cuidado de los niños a través de la sumisión de una parte de la población a la tarea (en este caso, las mujeres). Podríamos decir que los sentimientos de culpa, que surgen en la madre cuando se va a trabajar, se construyen sobre la emoción de malestar y no son naturales, sino fruto de un conjunto de factores (cultura, preferencias, ética, etc.).

Para entender esto mejor, explicaremos la teoría estoica de las emociones. El estoicismo es una filosofía que se recupera en la actualidad por su capacidad para buscar la felicidad en tiempos duros. Recordemos que esta escuela surgió cuando las ciudades griegas atravesaban un periodo de caos y conflicto por el avance de los Imperios. Los ciudadanos de Atenas sufrían escasez, caos y gran incertidumbre. Bajo un pórtico, comenzaron a reunirse algunos de estos ciudadanos para dialogar acerca de la vida y sobre cómo buscar la virtud. Un poco más adelante hablaremos más del estoicismo, pero por el momento centrémonos en su teoría de las emociones. Para el estoicismo, existen dos momentos en la experiencia de la emoción. Un primer momento sucede cuando, ante una situación (cruzo una carretera y viene un coche) o representación (me acuerdo de cuando murió un ser querido), se desencadena una respuesta automática. Esta puede ser una emoción de huida, como el miedo que inmediatamente te impulsa a andar rápido si ves ese coche acercándose rápidamente, o una respuesta de tristeza si te has acordado de la muerte de tu abuelo. Ya en ese impulso hay una respuesta de valoración; hay emociones de evitación, como el miedo y la tristeza, y otras de acercamiento, como la alegría (si por ejemplo el recuerdo es de un día agradable de playa). En un segundo momento, que sucede inmediatamente después de nuestra respuesta automática, se despliega un juicio, un segundo momento de valoración. Los juicios que vienen inmediatamente después de la emoción se componen de todo lo que guarda nuestro pensamiento. En nuestro lenguaje diríamos que van cargados de dolores del pensar, de costumbre, de normas, de valores (partes de ellos aprendidos y culturales), de sentidos. Nuestros dolores de pensamiento y nuestra ética hacen que las emociones se sigan experimentando en una dirección o en otra. Es decir, si mi hija ha empujado a su hermano pequeño, yo tengo el impulso de enfado, lógico, natural y adaptativo. Si a continuación aderezo ese impulso con pensamientos en bucle de todas las veces que ha hecho eso y me repito sin cesar «ella sabe que está mal» y si mi ética alberga valores de justicia con contenidos de castigo y culpa, puede que mi enfado adaptativo se convierta en ira. Mi experiencia emocional será entonces de ira. Son nuestros errores de pensamiento y nuestra ética los que nos provocan experiencias emocionales perturbadoras del alma, como dirían los estoicos. El enfado es adaptativo, el enfado ensalzado es ira. Y la ira es una perturbación del alma, no una emoción adaptativa. Dice Séneca que la ira no surge de la representación de la injuria, sino del consentimiento de la mente a dicha representación: «No existe impulso sin el consentimiento del ánimo».

Por tanto, el pensamiento está en el camino de la emoción y de él depende que la emoción se experimente de una u otra manera. Un peor pensar revierte en emociones menos saludables. Tu enfado ante la injuria es sano; tu ira desbocada, que te hace perder el control, que te aboca a acciones y decisiones destructoras, fruto de pensamientos erróneos, de hábitos enquistados, de éticas que valoran desequilibradamente ciertas cosas no es sana ni adaptativa.

Paradójicamente, respecto a lo que nos han enseñado, no son las emociones las que hay que someter y dominar, sino los juicios sobre ellas, nuestros errores de pensamiento y nuestra ética escorada y poco reflexionada, que son los que nos dirigen hacia caminos equivocados y perturbaciones anímicas. Emoción y cognición caminan de la mano: debemos cuidarlas y conocerlas. Por tanto, la ética entendida como esas costumbres, normas, valores y concepciones de lo que está bien y está mal interviene directamente en las emociones. La ética y la emoción se acercan, retroalimentándose y reafirmándose. Una emoción de apego hacia tu hijo se reafirma por una ética de cuidado, de responsabilidad y de amor por el prójimo. Al comenzar la separación con ritmos y equilibrios respetuosos con madre y bebé, si en tu escala de valores albergas la renuncia y el sacrificio, tu malestar al separarte de tu hijo se acrecentará, pensarás que actúas mal, le estarás dando a la emoción razones para ensalzarse y enquistarse. Si tu valor del autocuidado y de la independencia y la autonomía se despliegan, el malestar de las separaciones será adaptativo y asumible.

En resumen, el pensamiento crítico nos permite reconciliarnos con una nueva racionalidad integradora del ser humano. Además, nos permite ver la cercanía entre emoción y ética, encontrando un buen terreno para impulsar una cuidadosa reflexión de nuestra ética. Desde ella, el pensamiento se enmarca y nuestras emociones pueden reafirmarse o diluirse. La ética nos integra como seres pensantes y sentientes con libertad para reflexionar, aspirar y crear mundos mejores para nosotros y para los demás.

Muchas veces se dice que se sabe en el estómago si algo está bien o mal. Tus emociones y tu ética hablan juntas. ¿Recuerdas alguna situación en que sentiste que algo que ibas a hacer estaba mal? ¿Dónde lo sentiste en el cuerpo? ¿Qué emoción y qué valores estaban en juego?

# ÉTICA DE LAS VIRTUDES

La ética está compuesta por costumbres, normas, valores y concepciones del bien y el mal que resuenan en nuestro sentido y se relacionan con nuestras emociones. Desde ahí, se enmarcan los problemas desde el principio. Esa ética ha de ser, *de facto*, explorada y reflexionada y es, por tanto, cuestionable, revisable y actualizable. Como algo vivo que crece, es importante someterla a prueba, a revisión, a diálogo, y a práctica.

Volvemos al estoicismo, a su pórtico pintado o *Stoa poikile*, de ahí el nombre de esta corriente. Una de mis mayores fascinaciones con esta escuela es su origen y funcionamiento. Se originó en un pórtico del mercado de Atenas, donde se reunían personas de toda índole a discutir las ideas del estoicismo. Estas ideas no eran un conjunto de preceptos cerrados, sino unas nociones básicas que debían seguir completándose en aquellas discusiones. Precisamente aquellas discusiones añadían matices, buscaban ejemplos y contraejemplos en la práctica y lograban dar con guías para la realización del ideal estoico en la vida cotidiana. El ideal estoico consistía en ser una buen persona, convertirse así en un sabio. Imaginémonos siendo uno de esos estoicos que conversaban bajo el pórtico. ¿No os gustaría dedicar tiempo a dialogar con otros sobre la mejor forma de abordar tal o cual decisión? ¿No os gustaría dialogar sobre el significado de algunos valores, como el de igualdad o el de libertad, y dar con formas concretas de aplicarlos? ¿Nos os gustaría compartir y explorar vuestros dilemas cotidianos? Hoy en día estamos más necesitados de estos diálogos que nunca.

El ideal del sabio estoico responde a aquel ser humano que cultiva la virtud. En un sentido general, la virtud es el cuidado, el esfuerzo y la búsqueda del bien en una tarea. Tradicionalmente se ha entendido como la búsqueda de la excelencia. Os pondré un sencillo ejemplo. Cuando limpiamos y recogemos la casa, podemos hacerlo con desgana, tratando de acabar rápido y entreteniéndonos con otras cosas (un pódcast, quizá) o bien tratar de hacerlo con virtud, a pesar de que no sea el trabajo que más nos gusta. Podemos tratar de hacerlo bien, con mimo, cuidado, cariño hacia nosotros, cariño hacia los objetos y cariño hacia los demás. Pero ¿en qué aspectos fijarnos en la tarea? ¿Qué criterios nos permiten hacer bien una tarea? Los estoicos de nuevo nos dieron cuatro focos, que son las cuatro virtudes clásicas: la templanza, el coraje, la justicia y la sabiduría. La definición de esas virtudes y su forma de reconocerlas en la práctica era efectivamente objeto de cuestionamiento y diálogo en el pórtico. Y ese mismo esfuerzo por definirlas, por encontrar ejemplos sobre cómo realizarlas y cultivarlas, por solucionar los dilemas prácticos entre todos, representaba un ejercicio de disposición del buen ser humano. En un momento profundizaremos más en ellas, pero continuemos colocando las virtudes dentro de nuestro entramado ético.

En los últimos años ha habido un movimiento en el pensamiento de recuperación de la virtud. La virtud quedó desahuciada durante años y primaron las éticas deontológicas, es decir, los códigos y las normas que servían de referente para nuestros comportamientos. Ejemplos de estos códigos los tenemos en los Derechos Humanos o los códigos profesionales. Las éticas deontológicas de deberes y normas son propias de la modernidad, nos dice Victoria Camps en *Virtudes Públicas*, pues la modernidad otorgó mayor libertad de comportamiento al individuo una vez que las comunidades y las tradiciones habían perdido peso. En la Modernidad, las normas y costumbres antes aprendidas en la comunidad y validadas por ella se diluyen, encumbrando a un ser humano que puede tomar sus propias decisiones. El criterio de universalidad kantiano aparece para guiar la conducta: «Actúa de tal modo que la máxima de tu voluntad siempre pueda valer al mismo tiempo como principio de una legislación universal». Alejadas ya de Kant, esta ética y sus códigos se impusieron. Es así como la ética quedó fuera de la práctica cotidiana y lejana de la realidad, a merced de las instituciones y los organismos que velaban por su cumplimiento. Los códigos, además, nos eximen de la responsabilidad: es decir, mientras los sigas y tu intención quede enmarcada en ellos no importan las consecuencias reales o el daño producido. Así nos señala de nuevo Luis Montero acerca de los códigos profesionales: «Es el conjunto de prácticas socialmente aceptadas de una actividad, de forma que si el profesional sigue esas prácticas en el ejercicio de su tarea no puede ser declarado responsable de las consecuencias de esas prácticas. (…) Es la aplicación y derivada profesional del proyecto kantiano». Esto es patente en los códigos de los periodistas o de los médicos.

La ética de las virtudes, por tanto, en oposición a los códigos deontológicos de «deberías» inamovibles, recoge ese espíritu del pensador crítico. La ética de las virtudes no está dada, desde fuera, desde arriba, sino que se crea en el propio diálogo y en el hacer, pegada a sentidos y emociones. Está sujeta a revisión, cuestionamiento y también a la buena argumentación y la prueba práctica. Se ratifica entre pares, entre los miembros de la comunidad y está dispuesta a ponerse a prueba entre comunidades. Está viva e integra mejor la nueva racionalidad. No es así algo exclusivo de un comité, un experto ético o un código con el que compruebo mi actuación *a posteriori*, sino que forma parte del proceso de pensamiento desde el principio, marcando y dirigiendo este hacia el bien.

Nos queda explorar juntos las virtudes, buscadas por ese ideal del sabio, y tratar de entender por qué esas cuatro se mantienen como las virtudes cardinales, sin perjuicio de que haya muchas otras, como muchos autores han señalado recientemente.

# CÓMO SER UNA BUENA PERSONA

El pensador crítico es, por tanto, un pensador virtuoso. Aquel que hace gala de la virtud en su pensamiento, que se involucra en su búsqueda, su definición y su significado práctico. Al fin y al cabo, no hay mejor manera de definir al pensador crítico que diciendo que trata de ser buena persona. Ser buena persona pasó de moda hace tiempo y se ha quedado como el soniquete que, heredado de la educación cristiana, nos decían nuestros padres a través del «pórtate bien». Sin embargo, no confundamos el significado de buena persona cristiano con el grecorromano. El cristiano se rige por códigos (véanse los diez mandamientos), mientras el grecorromano nos encomienda a la virtud, construida y cultivada en una praxis cuestionadora. ¿Podríamos retomar esta idea desde el pensamiento crítico? ¿Cómo podemos ser buenas personas? Hasta aquí, ser buena persona exigiría practicar el pensamiento crítico e involucrarnos en procesos de búsqueda de la verdad y la virtud. Sobre la verdad hemos hablado en el capítulo de la posverdad y seguiremos hablando en próximos capítulos. Veamos ahora cómo buscar la virtud y qué virtudes cultivar.

Empecemos por recordar y explicar con ejemplos las cuatro virtudes clásicas, las que el estoicismo destaca del buen sabio.

Imagina que te han confinado en tu domicilio de nuevo, a ti y a tu núcleo familiar. Tienes mucho trabajo, tu abuela cumplía 90 años el próximo fin de semana y habíais planeado pasarlo con ella, que vive sola. Es una gran contrariedad. Pero, en fin, ¿qué vas a hacer? Lo más sabio es desapegarte cuanto antes de esas ideas predeterminadas que tenías acerca de lo que ibas a hacer esa semana y fluir en calma con la situación. Ahí estarías desplegando la virtud de la templanza.

Veamos otra situación. Estás en una relación larga, sabes que ya no funciona pero no te atreves a dejar a esa persona. Siempre encuentras excusas y motivos por los que no tomar la decisión. Ahí estás pecando del vicio de cobardía, porque sabes lo que quieres y debes hacer, y no lo haces, no actúas en consecuencia con la verdad de tu pensamiento. Aquí necesitarías sacar a relucir la virtud del coraje.

La virtud de la justicia viene a hablarnos del trato amable y ecuánime. Hay muchas situaciones en las que esto es difícil de practicar. En un mundo en que los salarios se rigen por el mercado, ¿cómo pagar a alguien lo justo? ¿Cómo reparten unos padres la herencia entre sus hijos que son diferentes y tienen necesidades diferentes? La justicia es una virtud difícil de practicar y posiblemente la que más nos cuesta hoy. Me aventuraría a decir que su difícil cumplimiento viene de sentirnos constantemente engañados por un sociedad donde impera la razón instrumental: ahí, a veces, ser justos con los demás implica ser injusto, por lo menos aparentemente, con uno mismo.

Finalmente, el que despliega la virtud de la sabiduría equilibraría todas las demás virtudes sabiendo qué hacer en cada situación. La ignorancia, por tanto, es su vicio, algo que aquí estamos combatiendo con mucho pensamiento crítico.

Un aspecto interesante de las virtudes es que contienen en ellas el contrapunto de los vicios. Probablemente nos costaría, a bote pronto, identificar nuestras virtudes, pero podríamos tener rápidamente una imagen clara de nuestros vicios. Un vicio de procrastinación puede curarse con una virtud de coraje si el origen es la falta de enfrentamiento con lo que sabemos que es bueno para nosotros, o de templanza, si lo que tenemos son unos impulsos de gratificación inmediata demasiado recurrentes. Un vicio de egoísmo podría paliarse con la virtud de la solidaridad. Los vicios se presentan en formas concretas que somos capaces de describir. Las virtudes nos resultan confusas en sus definiciones, de ahí que su exploración, y más en comunidad, sea fundamental.

La única forma de poder definir el significado de las virtudes, de cada una concretamente, y de ver cómo pueden operar en la práctica contrarrestando vicios, es caminando hasta el pórtico pintado y dialogando con otros como nosotros. En ese diálogo tiene que haber un compromiso con la verdad y con la práctica diaria de esa bondad.

En un artículo de 2005 Martin Selignman, uno de los psicólogos más influyentes en la psicología positiva, junto a dos colegas, Katherine Dahlsgaard y Christopher Peterson, contaban los resultados de un estudio cuyo objetivo era encontrar las principales características positivas o virtudes desplegadas en las grandes filosofías y religiones del mundo. Estudiaron el confucianismo y el taoísmo, el hinduismo y el budismo, la filosofía ateniense, el judaísmo, el cristianismo y el islam. Además de las cuatro virtudes estoicas, estos autores concluyeron que había dos más, es decir, un total de seis. Así, templanza, coraje, justicia y sabiduría se completan con humanidad y transcendencia. Las primeras cuatro ya fueron esbozadas. Veamos en qué consisten las otras dos. La humanidad se relaciona con el cuidado y el amor, y la transcendencia con las conexiones que experimentamos con algo más grande que nosotros, donde cabe la gratitud, la espiritualidad. Se podría relacionar con lo que hemos llamado hace un momento *sentido*. Comte-Sponville también abordó hace poco otras virtudes, como la urbanidad o el humor en su libro *Pequeño tratado de las grandes virtudes,* y Victoria Camps, en *Virtudes Públicas,* nos propone virtudes como la solidaridad (entendida como cooperación y ayuda) o la responsabilidad (relacionada el entendimiento de que nuestros actos son revisables y hemos de hacernos cargo de ellos) como virtudes necesarias para los retos de la sociedad en los próximos años. Este trabajo de listar y explorar las virtudes nos corresponde a todos en el día a día y en nuestras comunidades, pero bien podemos inspirarnos por aquellas definidas, repetidas y cultivadas una y otra vez por las grandes tradiciones de sabiduría.

Nuestra diseñadora Ana ha evaluado su ética y ha reconocido que su valor ecológico y de cuidado del entorno es fundamental para ella. Alineado con ello está su sentido: quiere hacer que la moda sea la recuperación de la belleza natural para todos, quiere hacer más bello y sostenible el mundo. Los esfuerzos de nuestra empresa por motivarla no han calado, eran parches superficiales. Finalmente, tuvimos que hacer un reajuste de personal y la despedimos. Ahí tuvo que tirar de templanza y coraje. Y ahora ha decidido lanzar su propio proyecto artesano de moda sostenible. Se planteará la pregunta: ¿cómo puedo ofrecer un producto de moda bello y usando materiales naturales que sea atractivo para el mercado? ¿Cómo puedo trasladar el cuidado a mis procesos y mis proveedores? ¿Es posible ganarme la vida con ello? No dará nada por sentado, seguirá explorando su ética, planteando sus problemas desde ella y cultivando la virtud.

En este capítulo hemos visto cómo somos seres éticos y cómo esa ética integra emoción y razón, y nos interpela desde dentro, desde nuestros sentidos. Y desde ahí, la ética determina nuestra definición de los problemas desde el principio. Cansados de códigos externos que nos eximen de responsabilidad y de parches, devolvemos la carga de la prueba a nosotros mismos, nos comprometemos con la bondad, la verdad y la virtud. Y junto con los demás construimos su significado cada día.

## LA PREGUNTA

Ahora tendrás que volver a tu problema y explorar la ética (las costumbres, normas, valores y concepciones del bien y el mal) desde la que has definido el problema. También te animo a preguntarte por el gran fin o sentido que te mueve para resolver el problema. Puede ser que una vez hayas explorado esa ética quieras modificar un poco la definición de tu problema. Si es así, hazlo y continúa.

¿Cuál es la ética desde la que
abordas el problema?
¿Para qué gran fin quieres resolver el problema?

Redefine el problema si crees que es necesario.

## CAPÍTULO 5
## *Lo que hace mi mente*

«El espíritu humano no recibe con sinceridad la luz de las cosas, sino que mezcla a ella su voluntad y sus pasiones; así es como se hace una ciencia a su gusto, pues la verdad que más fácilmente admite el hombre es la que desea». Siempre se ha dicho que vemos lo que queremos ver, bien podríamos decir que nos hacemos una «ciencia a nuestro gusto», como nos dice aquí el filósofo Francis Bacon. Pero ¿cuáles son los mecanismos que influyen en esto? ¿No necesitamos ciertos mecanismos conceptuales para interpretar la información y así entender lo que pasa?

Hasta aquí tenemos una idea de qué errores cometemos al pensar, cómo es la realidad a la que nos enfrentamos, cómo, desde el asombro, la transformamos en problemas que nos interpelan y nos ilusionan y cómo desplegamos nuestras costumbres, normas, valores y concepciones del bien, es decir, nuestra ética, para enmarcar esas preguntas. Desde aquí podemos avanzar hacia otras actividades importantes en el pensamiento crítico, pero que no podían entenderse en su verdadera dimensión sin estos marcos previos. Ahora sí vamos a abordar algunos de los mecanismos conceptuales que tiene nuestra mente para abordar e interpretar la información. Así, en este capítulo hablaremos de sesgos. Trataremos de averiguar si estos facilitan el pensar o lo obstruyen. Distinguiremos tipos de sesgos y hablaremos de ejemplos muy actuales.

Despertamos al sonido del despertador y ya en nuestra mente aparece lo que tenemos que hacer ese día. Con un breve vistazo a la ventana ya sabemos si hace buen o mal tiempo. Si el día amanece con sol y estamos en Julio en Madrid, asumiremos que el día seguirá así; es un buen supuesto. Nos sentiremos contrariados si luego se nubla y cae tormenta. De camino al trabajo, nos cruzaremos con personas andando, otras conduciendo; un breve vistazo nos hará tener una opinión de ellas, si va bien vestida y su imagen es simétrica o armónica concluiremos que es una buena persona. En cambio, si alguien en la calle nos pide dinero para un café, nos lo creeremos más si va mal vestido y tiene aspecto envejecido. Hemos tenido un momento para ver las noticias y, sin dudarlo, vamos directos a los sitios de siempre, los periódicos y las webs que son afines a nosotros. Estos confirmarán nuestras creencias, no nos darán información que las puedan refutar. De buena mañana no queremos que nadie nos contraríe y nos meta ya en un dilema. Nos llama nuestra madre, siempre hablamos de lo mismo con ella, tenemos una forma de hablarnos, lugares comunes, chistes, sabemos lo que decir o lo que no, no queremos crear conflicto y salir del mundo que nos hemos creado para poder mantener en paz la relación. Nos dice que podando una planta se cortó, nosotros ya le hemos advertido muchas veces. Le dices: «Sabía que te iba a pasar algo así un día». Vas a hacer la compra, allí caes en el 3x2 del detergente (aunque luego por la noche, piensas: ¿cuándo voy a usar tres paquetes gigantes de detergente?). Encima contamina mucho y no has mirado una opción más ecológica. Mientras estás en el súper te entran ganas de comprar algún capricho, te decantas por ir hacia algo que untar sobre el pan. Paté, sí. Ves uno muy barato, desconfías; ves otro bastante más caro, te parece caro, no pensabas gastarte tanto. Pero resulta que hay uno incluso más caro. Compras el intermedio, el que primero te pareció caro. Ahora ya no lo es tanto, te has convencido de que es la mejor opción. Cuando llegas a casa, por la noche, ya en silencio, enciendes Netflix, ves la serie que te han recomendado y luego para dormir te pones el audiolibro que viste recomendar a alguien en unos *stories* de Instagram. Esperas poder comentar con tus amigos la próxima vez que os veáis, aunque sea en un Zoom… ¡Vais a estar tan de acuerdo!

## LAS JAULAS QUE NOS CONSTRUIMOS A NOSOTROS MISMOS

Hay una foto del fotógrafo español Chema Madoz que enmarca una nube con una jaula de pájaros. Se titula *Nube-jaula*. La nube, etérea, ligera, en constante movimiento; la jaula, cerrada, limitada, fija. Juntas nos provocan un poderoso efecto visual. Nosotros de niños somos como la nube: etéreos, ligeros, en continuo movimiento, aquel que nos hace parecer resortes que no paran quietos. Con el tiempo y la vida nos hacemos pesados, pegados al suelo, pero quizá hay algo que permanece: estamos en constante movimiento, en constante cambio. Puede que ya no tengamos la agilidad y el impulso del resorte, pero no podemos negar el continuo cambio que nos sobreviene incluso a pesar de nosotros mismos. El mundo y la vida es pura incertidumbre y eso nos inquieta. El cambio queremos entenderlo y controlarlo. Para reducir la incertidumbre y para agarrar y dominar el cambio nos construimos jaulas. Irónicamente, algunas jaulas nos han ayudado a sobrevivir y a predecir situaciones con la antelación suficiente para huir, esperar agazapados o atacar en el momento preciso y así mantenernos con vida. También nos ayudan a hacer tareas complejas sin tener que llevar a cabo todos los cálculos necesarios: fiarnos de alguien, lanzar una pelota a canasta... Algunas de esas jaulas han pasado de humano a humano a lo largo de la evolución y se mantienen en nuestros días, siendo los desafíos a los que nos enfrentamos bien diferentes. Otras jaulas las vamos eligiendo día a día, según la situación y sus requerimientos; nos ayudan a funcionar en el mundo. Y otras nos hacen ser especiales, e incluso tener una forma particular de mirar y entender la realidad que nos distingue y nos ayuda a destacar o tener relevancia en ciertos campos. Las jaulas también pueden ser lugares de libertad. Y, en cierta manera, de felicidad. Pero la trampa de la felicidad no nos puede impedir la búsqueda de la verdad. La filosofía siempre ha tratado de comprometernos con lo segundo a costa de una felicidad que en realidad solo es un placebo. Aquí buscamos una felicidad verdadera, y nunca mejor dicho. Veamos en qué consisten esas jaulas, cuándo nos atrapan y cuándo nos liberan, y cómo entenderlas dentro de nuestro sistema de pensamiento crítico.

Hace tiempo que recalo en la idea de que las jaulas que nos ponemos a nosotros mismos son las más perfectas y poderosas. Habitualmente pensamos que los impedimentos externos son insalvables, imaginándonos situaciones en las que no tenemos ninguna escapatoria. Creemos que las jaulas externas, de las condiciones y circunstancias, son infranqueables. Sin negar ni banalizar contextos y condicionantes importantes (de esto hablamos en la posverdad, recordemos el eslogan del «si creo en mí, puedo»), existe toda una gran variedad de razonamientos que nos acorralan. Las jaulas que construimos para nosotros mismos y en las que nos metemos por decisión propia, con todo el gusto, son las más perfectas. Son perfectas porque las sentimos elegidas, es decir, fundamentadas en razones, y tienen un atractivo que viene del beneficio que obtenemos de estar en ellas. Por ello, no las cuestionamos y se funden con nosotros pasando a ser imperceptibles; creemos que nos forman y nos conforman, que son parte de nosotros, de nuestra personalidad, de nuestras creencias incuestionables. Siendo así nos cuesta ver esas jaulas como algo que podamos modificar sin traicionarnos, y mucho más como simples desviaciones del pensamiento.

Los sesgos son nuestras jaulas perfectas. Son formas de ver la realidad, desviaciones o visiones tendenciosas. Generalmente pasan inadvertidos para quien los exhibe. Cumplen su función otorgándonos ciertos beneficios. Nos ayudan en situaciones donde hay mucha información y poco tiempo, cuando nos enfrentamos a un problema y no queremos permanecer en él. Nos dan soluciones rápidas e indoloras, algunas muy adaptativas respecto al entorno en el que nos encontramos. También nos ayudan a comprender, a desplegar esquemas para dotar de sentido a lo que sucede. En general, los sesgos aprovechan esos momentos incómodos donde la pereza, la prisa, la incomodidad o la incertidumbre nos asedian y no logramos encontrar la paz para habitar el problema y desplegar un pensamiento crítico. Cuando comienzo a asociar sesgos y jaulas, los que me escuchan se agobian. ¿Es posible salir de ellos? ¿Cómo? ¿Tenemos que poner en jaque todos nuestros razonamientos? Por un lado, diremos que aun practicando el pensamiento crítico, tampoco estamos libres de su influencia. Pero seremos más capaces de abrir la puerta de la jaula y salir de esta un rato si así lo queremos. Además, desde otro lugar, los sesgos también pueden hablarnos de sabidurías ancestrales o de intuiciones expertas, aquellas que nos transcienden por haber logrado sobrevivir decisión tras decisión, práctica tras práctica, adaptándose de forma exitosa al entorno.

Ante las diferentes funciones y tipos de sesgos, lo primero que haremos será poner un poco de orden. El pensamiento crítico nos ayuda a ser más conscientes de los sesgos. Si lo practicamos y prestamos más atención a nuestros razonamientos, abriremos la puerta a una mayor empatía, a mirar las cosas en los márgenes y fuera de los lugares frecuentados, encontraremos más inspiración para nuestra creatividad, seremos menos susceptibles de manipulación y tendremos mayor libertad de pensamiento. Pero también veremos cómo su función adaptativa, reflejada en intuiciones certeras, es relevante para tomar decisiones acertadas sin quedar presos de una racionalidad instrumental. Expliquemos primero de dónde vienen los sesgos y cómo funcionan.

## LOS SESGOS COGNITIVOS: ¿ERRORES O SABIDURÍA?

A mediados del siglo XX seguíamos confiando en el ideal de un ser humano con una racionalidad aséptica, cuantitativa e intacta a los avatares externos, siempre y cuando se hiciera buen uso de ella. A la vez que los primeros matices a esa racionalidad vinieron, también empezaron los estudios de las desviaciones o los sesgos que tenemos en el razonamiento común. Nombramos en el primer capítulo a Herbert Simon, un economista laureado con el premio Nobel, que habló del concepto de *racionalidad limitada* para referirse a que la racionalidad que poseen los seres humanos está dentro de unos límites, depende de la información, de las percepciones, de la memoria, etc., y no exhibe procesos de perfección maximizadora. En el año 1969, Daniel Kahneman, un psicólogo nacido en Tel Aviv, conoció a otro colega, Amos Tversky, cuando lo invitó a dar una conferencia en uno de los seminarios que impartía en la Universidad Hebrea de Jerusalén. Allí empezó una fructífera colaboración que acabó con el premio Nobel en 2002 (otorgado solo a Kahneman porque Tversky había fallecido). Kahneman y Tversky escribieron varios artículos que apoyaban la teoría de la racionalidad limitada, mostrando en sus experimentos cuáles eran esas limitaciones. Sus artículos identifican lo que hoy conocemos como *sesgos cognitivos*: patrones de decisión que se desvían de la probabilidad y la racionalidad perfecta. Abrieron la puerta a la economía de la conducta, es decir, a la consideración de que hay patrones que rigen la toma de decisiones económicas. Este campo hoy es muy fructífero por sus aplicaciones al diseño de apps y tecnología donde todos esos sesgos son usados para hacernos consumir más.

La conceptualización de Kahneman y Tversky permitió comenzar a identificar los sesgos que funcionan a veces como jaulas del pensamiento, desviando nuestro pensamiento sobre la realidad. Hablaremos de ellos y de dos tipos más de sesgos: *sesgos personales* y *sesgos culturales*. Todos aspiran a pegarse a nuestras mallas para acceder a la realidad. Eso hace que nos resulte difícil reconocerlos, siendo casi invisibles. Empecemos hablando de los sesgos cognitivos nombrando diferentes ejemplos de estos.

## SESGOS COGNITIVOS

Los sesgos cognitivos son aquellos que empezaron identificando Kahneman y Tversky, aquellos patrones de interpretación de la realidad que una y otra vez la gente usa en sus razonamientos, toma de decisiones y resolución de problemas. Kahneman en su libro *Pensar rápido, pensar despacio* nos hablaba de un modo de pensar (él lo llamaría con fines didácticos «sistema 1») que es automático, que nos permite decidir rápidamente ante situaciones cotidianas. Para actividades más complejas tendríamos que echar mano de otra forma de pensar más pausada («sistema 2»), que resonaría con lo que aquí exponemos como pensamiento crítico. El sistema 2 es perezoso y le cuesta arrancar, el sistema 1 arranca rápido y nos da la respuesta de forma automática. Así, muchas veces solemos razonar con el sistema 1 que se vale fundamentalmente de los sesgos. Conozcamos los sesgos cognitivos en los que podemos caer.

Para ayudarnos a dar un vistazo general, haremos tres divisiones de cosecha propia y comentaremos brevemente algunos de los más llamativos dando pequeños ejemplos que clarifiquen su ámbito de actuación.

## Sesgos para lidiar con mucha información

Somos plenamente conscientes de la cantidad de información que nos rodea y hemos hablado de medidas de higiene y de estrategias para ordenarla y reducir la información muerta que no nos sirve. Sin embargo, aun así, nos vemos interpelados para procesarla, gestionarla y hacer algo con ella, incluso sin querer. Ahí es cuando los sesgos saltan como resortes de manera inconsciente viniendo a nuestro rescate.

- El **sesgo de confirmación** hace de las suyas cuando nos llega una información y nos fuerza a prestar más atención a los datos que confirman nuestras creencias que a los demás. Solemos acudir a la prensa o plataforma digital que sigue nuestra ideología para satisfacer el sesgo de confirmación. Al leer un artículo, confirmar lo que pensamos nos da mayor felicidad.
- El **sesgo de anclaje** opera cuando una primera información determina la forma en que entendemos o tomamos una decisión respecto a una segunda: la primera información funciona como un anclaje. Este sesgo opera mucho en la percepción de los precios. Cuando algo se te presenta con un precio elevado, si a tu disposición hay un segundo artículo con un precio menor pero aun así elevado, tú lo verás como una ganga. Aquel paté que te pareció caro, pero

no tanto al ver un siguiente más caro. Ahí, al comparar, reenfocaste y compraste el primero.

- La **ilusión de focalización** funciona haciéndonos creer que lo que tenemos en el foco es más importante. En un experimento que se llevó a cabo, se preguntaba a las personas: «¿Cómo de feliz eres en tu vida en general?» y «¿Cuántas citas has tenido el último mes?». Si las preguntas se hacían en ese orden, la correlación entre ellas era cercana a 0, pero aumentaba mucho si se hacía la pregunta de las citas primero. Se traía a nuestro foco nuestra vida amorosa y era casi imposible no darle importancia en nuestra visión de la felicidad.

- El **efecto marco** explica que la mente tiende a percibir la realidad de una manera o de otra según se enmarque lo que nos están contando. El efecto marco es muy usado también en publicidad. El *storytelling* de la publicidad utiliza este sesgo. Hoy día un buen anuncio rara vez se centra ya en el producto, sino más bien nos enmarca una experiencia, una ideología o una forma de consumir. Un relajante viaje en coche a través de un bosque nos enmarca positivamente la experiencia de conducir ese coche en particular.

- El **sesgo de disponibilidad** hace que le prestes más atención o te parezca más importante la información que tienes a mano o que recuerdas fácilmente. En nuestros tiempos, la COVID-19 se ve lejos si nadie de tu entorno ha enfermado y muy cerca si hay casos en tu entorno; creemos que eso es fiel reflejo de la gravedad o la incidencia, y no lo es.

- El **efecto halo** nos hace valorar rasgos de las personas positiva o negativamente, en función de otros rasgos. Alguien guapo parece más interesante, alguien vestido con chaqueta parece más listo.

Algunos de estos sesgos funcionan muy bien al unirse con los mecanismos posverdaderos. El ejemplo más paradigmático es el del sesgo de confirmación. Este sesgo nos hace dar más valor a los datos o a la información que confirma mis creencias o teorías previas que a los que no lo hacen. Este sesgo nos puede cegar e impedir la mirada de esos otros datos que no confirman mis creencias. Los datos o información que no confirman nuestras creencias nos hacen ver cosas diferentes que abren la puerta a cuestionar lo que pensamos. El cuestionamiento hará más fuerte nuestra creencia si finalmente pasa la prueba de esos nuevos datos o nos dará libertad para renunciar a ella si no la pasa. Así, este sesgo es peligroso para el pensamiento crítico pues nos impide el cuestionamiento y búsqueda de la verdad, previniéndonos de entrar en diálogo con lo diferente o lo que nos refuta.

SESGOS AUTOCOMPLACIENTES:

Hay ciertos sesgos cognitivos que hablan directamente a nuestro ego. Estos sesgos nos hacen tener una percepción distorsionada de nuestras capacidades, alimentando con caramelos al ego. Desde luego, estos sesgos son bastante aduladores y nos tientan a quedarnos en la superficie y a no indagar en nuestro autoconocimiento, viendo siempre la paja en el ojo ajeno pero no en el nuestro propio.

- El **efecto Dunning-Krueger** hace que las personas con menos capacidades piensen que tienen más habilidades y capacidades. ¡Ay, eso explica tantas cosas…!
- El **sesgo de atribución fundamental** aplica diferentes raseros al encarar los juicios acerca de otras personas. Es decir, solemos sobreestimar las características personales e ignorar factores contextuales. Cuando se trata de uno mismo, nos exculpamos atribuyendo culpas a lo exterior

y si hemos tenido éxito, lo achacamos a nuestras características personales. Este sesgo es muy común cuando enjuiciamos rápidamente la conducta de los demás en situaciones cotidianas y muestra una insana autoindulgencia, gran falta de empatía y poco pensamiento crítico. Por ejemplo, si alguien comete una infracción al volante, nuestro primer instinto es pensar: ¡qué loco!, en vez de considerar la posibilidad de que el conductor haya tenido un contratiempo o se haya despistado. Recuerdo una vez que, yendo en el coche con mi pareja, tuvo un poco de dudas al incorporarse a la vía desde un carril de incorporación. Esto resultó en que el coche que venía por el carril le terminara pitando y ambos coches tuvieran que frenar para evitar un roce. Mi pareja se había despistado, no por mala fe ni descuido o falta de pericia, sino porque en ese momento mi hijo pequeño había tirado una cosa hacia la parte de delante del coche. Íbamos por un pueblo, así que en el siguiente semáforo, el otro conductor, que terminó pasando delante de nosotros, se paró y se bajó del coche para increparnos muy agresivo. Mi pareja abrió la ventanilla y se disculpó, había cometido un error y no era el loco que el otro conductor había asumido. Si somos nosotros los que hacemos una *pirula*, la solemos justificar con razones del tipo «era lo único que se podía hacer, mira qué mal está esto». Solemos enfocarnos en factores contextuales, como llegar tarde a algo importante, e ignoramos lo que nuestro comportamiento puede señalar de nuestro carácter.

- Esa misma decisión de hacer una pirula en una calle porque llegamos tarde y vemos que no ponemos en peligro la vida de nadie, también se puede beneficiar del **sesgo del apoyo a la elección**. Pensamos que nuestra decisión fue acertada una vez que la hemos hecho y que, además, fue la mejor elección: ¡qué bien que hice la pirula, qué bien salió, llegamos a tiempo! Comulga bien con una frase a la que le tengo especial manía personal: bien está lo que bien acaba.

- Con el **sesgo de retrospectiva** vemos los eventos pasados como más predecibles después de ocurrir. El famoso «lo sabía» que tanto hemos oído a nuestros padres y que dudamos si refleja la sabiduría de la experiencia o un soniquete enquistado lleno de sesgos y miedo. Veremos luego si algo de razón tenían.

- El **efecto contraproducente** opera al presentarse una refutación a una creencia, haciendo que la persona que sostenga la creencia la reafirme con más intensidad. ¿No te ha pasado nunca que por el mero hecho de que alguien te lleve la contraria defiendes más vehementemente tu idea? Pues ahí lo tienes.

- Para regodearnos en nuestra perspectiva, pensamos que los demás piensan como nosotros, esto es el **efecto de falso consenso**. Seguro que en más de una situación asumes sin más que los demás piensan como tú. Seguro que a veces haces generalizaciones que se basan en esta idea: «Pero si todo el mundo ve que en mi ciudad hay mucha suciedad...». Quizá no todo el mundo piense como tú.

- Y si piensas que estás libre de pecado, mírate bien, porque con el **sesgo de punto ciego** podemos estar cometiendo sesgos pero pensando que no, que nosotros somos inmunes a los sesgos. Un poco de autocrítica y autoconocimiento nos viene bien siempre.

Hasta aquí el breve recorrido por esos sesgos aduladores de ego y tergiversadores de los comportamientos de los demás y de los nuestros propios. En una sociedad narcisista alimentada por eslóganes posverdaderos, estos sesgos resultan efectivos y nos enjaulan en comportamientos que impiden el examen consciente de la propia vida, la búsqueda de la virtud y la práctica del pensamiento crítico.

## SESGOS DEL AZAR

Por último, nombraremos algunos que afectan a nuestro manejo de la probabilidad. Son los que intervienen en nuestra evaluación de la probabilidad con la que se dan los sucesos o eventos, la percepción del riesgo o el valor de las cosas.

- La **ilusión de agrupación** es ver patrones en eventos aleatorios. Es muy típica de los jugadores junto con el llamado **sesgo del jugador,** que nos hace pensar que los eventos futuros están determinados por los eventos pasados. Si piensas que te has caído muchas veces este año, no por ello tienes menos probabilidad de caerte. Pensamos que ya hemos tenido lo nuestro, pero no es así. Quizá otros factores sí están influyendo en esa probabilidad, pero que te haya pasado ya antes no influye en que te pueda pasar otra vez.
- La **mano caliente** hace que percibas que una vez que has tenido varios éxitos tengas más probabilidad de tener aún más. En casa jugamos a veces a lanzar peluches a un cesto. Cuando ya he acertado unas cuantas veces, creo que tengo más probabilidades de seguir acertando. Pero también podría ser por la confianza que he ganado acertando, y que eso me haga tirar mejor. Desde luego, esto último me puede ayudar a tirar mejor, pero no, la probabilidad de acertar más no ha aumentado aunque yo haya acertado mucho hasta ese momento.
- El **descuento hiperbólico** se basa en que las recompensas futuras tienen, para nuestro cerebro, menos valor que las instantáneas, las que se pueden aprovechar en el momento.

Hay un famoso experimento que se popularizó para ver el autocontrol que desplegaban algunos niños. Se les ofrecía una nube de golosina ahora y dos si esperaban un cierto tiempo. Efectivamente si estamos en el pensar automático, el sesgo hiperbólico nos hará valorar más lo que tenemos ahora. Ahora bien, de nuevo la sabiduría popular nos reta: «Más vale pájaro en mano que ciento volando». Pronto vamos a esas piezas de sabiduría y su relación con los sesgos.

- El **sesgo de dotación** hace que des más valor a un objeto que ya posees que a uno que todavía no tienes. Este sesgo refuerza el apego que tenemos por ciertos objetos fetiche como las tazas, ropa de nuestra infancia, etc.
- El **sesgo de conjunción** dice que percibimos que es más probable que ocurran dos fenómenos a la vez que uno solo. Sin embargo, es menos probable que ocurran dos a la vez que cada uno por separado.

 ¿Te has reconocido en varios de estos sesgos? Toma un momento para pensar en situaciones donde te ves pensando dentro de ellos y trata de identificarlos con su nombre. ¿Cuáles son más recurrentes para ti?

Los ejemplos de los sesgos nos dejan, por un lado, perplejos de cómo ciertos mecanismos de la posverdad abusan de nuestras interpretaciones rápidas de la realidad y de cómo a veces caemos en esas jaulas propias. Por otro lado, también tenemos la sensación de que esas interpretaciones que hacemos con el pensar automático no son tan ilógicas como pueda parecer. Cierto es que contravienen la probabilidad, pero responden a otros criterios; algunos nos han resonado con la sabiduría popular, con la experiencia, o parecen clave para entender el apego que tenemos a algo… ¿Son estos sesgos siempre obstáculos para el pensamiento crítico?

Podemos preguntarnos: ¿dar más valor a un objeto mío, al que le tengo cariño, que a otro nuevo es un sesgo que enjaula? ¿Qué ocurre con las emociones en los sesgos? ¿Es legítimo desechar el conocimiento que nos ha hecho adaptativos al entorno? ¿No son los sesgos razonamientos de sentido común o fruto de la experiencia en muchas ocasiones? Gerd Gingerenzer es un psicólogo alemán que trabajó durante varios años en el Instituto Max Plank de Berlín y actualmente se dedica a evaluación de riesgos en el Harding Centre. Él mismo dice que los sesgos y las interpretaciones rápidas que dan los seres humanos parecen haber sido percibidos desde un prisma negativo gracias a las investigaciones de Kahneman y Tversky. Kahneman deja claro en su libro que el pensar automático es muy efectivo y funciona muy bien en muchas situaciones. Pero Gingerenzer quiso dedicar tiempo a investigar esto. A principios del presente siglo, él y su equipo en el Max Plank comienzan a estudiar estos sesgos. Para Gingerenzer, actividades como encontrar pareja, coger una pelota de béisbol al vuelo o, para un policía experto, reconocer entre miles a una persona sospechosa de portar droga en un aeropuerto, son cuestiones que se resuelven «rápidamente» precisamente gracias a los sesgos[2]. Para él serían intuiciones sobre la realidad que nos ayudan a tomar decisiones suficientemente precisas y muy adaptativas en poco tiempo. Así, esas intuiciones tienen ciertas características: aparecen rápidamente en nuestra conciencia, no conocemos las razones que subyacen a ellas y son suficientemente fuertes como para actuar siguiendo su dictamen. En otras palabras, cuando alguien va a

---

2    Para un lector más familiarizado con este trabajo, solo precisar que él habla de las heurísticas y los sesgos, siendo las heurísticas formas de interpretar la realidad. Para nuestros propósitos en este contexto no creo que introducir este término ayude al lector: aquí sesgos y heurísticas pueden usarse como sinónimos. Por tanto, seguiremos usando sesgos.

coger una pelota al vuelo y dirige su movimiento hacia ella, no está realizando miles de computaciones como haría un ordenador, no sigue un proceso lógico completo, no puede hacerlo o tardaría días en moverse y, sin embargo, si es un jugador y tiene práctica, no suele fallar. Incluso acorde a nuestro nivel, todos tenemos cierta destreza cogiendo pelotas al vuelo. Así, las investigaciones de Gingerenzer muestran que los sesgos no desvían erróneamente el pensamiento, sino que lo hacen exitoso y que la regla de que siempre más información y más tiempo da lugar a mejores respuestas no es correcta. En un abrir y cerrar de ojos tenemos la mejor respuesta. Podríamos decir que esas interpretaciones recogen sentido común, experiencia y conocimiento ancestral.

¿Qué significa todo esto? ¿Debemos estar pendientes de los sesgos para que no nos enjaulen o dejarlos campar a sus anchas? Sin duda el trabajo de Gingerenzer y el peloteo de investigaciones de un lado a otro entre este y Kahneman matiza en muchos aspectos este asunto. Sin embargo, recojamos lo que puede ser más interesante para nosotros.

Por un lado, Kahneman y Tversky, contribuyendo a hablar de una racionalidad limitada, nos presentaron los sesgos como algunas de esas limitaciones. Nuestra razón tiene esas limitaciones, no solo el pensar automático, también el pensamiento más pausado. Por otro lado, Kahneman reconoce el buen funcionamiento de los sesgos en la toma rápida de decisiones y Gingerenzer relaciona esas intuiciones con conocimiento evolutivo, práctica y especialización. En esa línea, algunos autores, como el filósofo español Jorge Riechman, habla de *racionalidad ecológica*, aquella inseparable de un entorno que la constituye. Nosotros aquí no solo queremos hablar de la razón, la intuición y el entorno, sino también de emociones, de ética y de otros aspectos a veces no tan enumerables. Por eso seguimos construyendo hacia un nuevo concepto de racionalidad. Para resumir, las interpretaciones y los sesgos emplean sabiduría ancestral, pero a veces nos enjaulan haciéndonos más susceptibles de caer en los mecanismos de la posverdad. Ahora cabe preguntarnos, ¿en qué situaciones los sesgos son jaulas y en cuáles son buenas intuiciones? No es pregunta fácil, pero la abordaremos en el último apartado de este capítulo. Veamos primero algunas jaulas de otra índole.

## LO QUE TÚ ASUMES: SESGOS PERSONALES

Es verano, julio. Voy en mi coche a la playa como he hecho desde que tengo uso de razón. Para llegar a mi ansiada playa tengo que cruzar unas salinas. Las salinas pertenecen a un Parque Natural y por tanto es zona protegida. Todavía se puede conducir hasta el *parking* que hay cerca del puerto, justo antes de poder entrar en la playa. Mi familia me cuenta historias de cuando se podía entrar en la playa con el coche. Siempre hablamos de que quizá deberían prohibir la entrada a vehículos para proteger el Parque Natural. Pensando en todo esto, continúo recorriendo la carretera, charcas a un lado y al otro, flamencos que emprenden el vuelo y otros que comen con la cabeza metida en el agua. He vivido esa escena cientos de veces en mi vida. De pronto, veo que hay un alto y un desvío. Están cambiando la ruta, no se puede acceder con el coche. Tengo que detenerme y no puedo seguir. Lo primero que hago es contrariarme, enfadarme: «Si ayer no estaba así, esto nunca lo han hecho. ¿Qué estarán haciendo?». Luego, pienso en que a lo mejor por fin han tomado una buena decisión para el entorno. Pero yo hoy, después de haber hecho esa ruta cientos de veces, había dado por sentado que la podría volver a hacer. ¿Era descabellado suponerlo? ¿No asumimos cosas así todos los días?

En muchas situaciones en la vida damos cosas por sentado. Son ideas o conclusiones que alimentamos en nuestra mente sin cuestionamiento, son jaulas que responden a nuestras experiencias cotidianas y recurrentes (como el caso de mi ruta a la playa) o a nuestra personalidad (por ser muy miedoso o atrevido, daremos por sentado ciertas cosas o ciertas otras). En concreto aquí nos estamos refiriendo a los sesgos personales o supuestos. Los considero sesgos personales precisamente porque son ideas relativamente automáticas que entretenemos sin cuestionamiento y surgen de la combinación de nuestra personalidad, nuestras experiencias, vivencias concretas y la propia situación. Ya en 1620 nos decía Francis Bacon en el *Novum Organum* que «los ídolos de la cueva (*idola specus*) proceden del sujeto individual. Cada uno de nosotros, además de las aberraciones propias del género humano, posee una cueva o gruta particular, en la que se dispersa y se corrompe la luz de la naturaleza; esto sucede a causa de la propia e individual naturaleza de cada uno; a causa de su educación y de la conversación con los demás, o debido a los libros que lee o a la autoridad de aquellos a quienes admira u honra; o a causa de la diversidad de las impresiones, según que estas se encuentren con que el ánimo está ocupado por preconceptos, o bien se encuentra desocupado y tranquilo».

En la historia anterior, mi vivencia repetida en ese entorno me hizo asumir que yo podía pasar ese día con el coche. Conociendo los debates que siempre ha habido respecto a esa zona, pude entender rápidamente la situación, aunque no dejó de contrariarme en un primer momento. El supuesto «hoy se puede pasar con el coche» perfectamente puede ser cuestionado. De hecho, no es un hecho fijo, sino algo que yo doy por sentado y que además no depende de mí. Pueden surgir muchas situaciones que hagan que no se pueda cruzar ese día, pero si yo hubiera hablado con alguien un poco antes de iniciar mi viaje y me hubiera preguntado: ¿qué hacemos? ¿Vamos hoy a la playa? ¿Se podrá acceder en coche? Yo hubiera afirmado: vente sin problemas, claro. Pongamos otro ejemplo diferente. Si yo soy una persona miedosa con las alturas, probablemente mantenga supuestos relacionados con esto ante situaciones donde haya alturas involucradas. Recuerdo una situación en la que con amigos íbamos haciendo senderismo por Escocia. Perdimos la ruta establecida y nos tuvimos que meter campo a través. Llegado un punto, teníamos dos opciones para poder llegar a un valle donde había un pueblo desde el que podríamos volver a nuestro origen. O bien andábamos unos cinco metros por una pendiente bastante empinada pero donde podíamos agacharnos para agarrarnos con las manos con facilidad, o bien dábamos media vuelta y regresábamos sobre nuestros pasos. Esta última opción nos llevaría más de hora y media y estaba oscureciendo; no llevábamos linterna, no había cobertura y tampoco suficiente agua y comida. Teniendo en cuenta que ya era tarde y estaba oscureciendo, nuestra falta de posibilidad de comunicarnos, nuestra falta de víveres y nuestra juventud y destreza, la segunda opción era más peligrosa. Sin embargo, uno de los amigos tenía miedo a las alturas y eso hacía que la primera opción le pareciera mucho más difícil, peligrosa y menos deseable que la primera. ¿Qué hicimos? Os lo cuento en un momento. Pero advirtamos, entonces, que los sesgos personales responden a veces también a rasgos de la personalidad que reaccionan ante la situación que se nos plantea.

¿Tienen nuestros sesgos personales alguna base? En el ejemplo primero, yo tenía bastante base para decir que sí se podía pasar. Mi larga experiencia me hacía poder tener el supuesto «hoy se podrá pasar a la playa en coche» bastante apoyado, aunque no dejaba de ser un supuesto. Tenía que estar dispuesta a que no se pudiera pasar en coche. En el segundo ejemplo, si yo soy consciente de mi fobia a las alturas, puedo tener base personal para decir que esa primera opción me parece a mí más peligrosa, pero en ese contexto, será difícil argumentar que es la mejor opción. Deberé entender que eso no es un criterio que tenga que ser compartido por todos, ni una afirmación exenta de cuestionamiento o probada o sólidamente argumentada, aunque es completamente legítimo que me sienta así y los demás deban intentar comprenderme. Un sesgo personal basado en una fobia te encarcela hasta cierto punto pero es comprensible desde el prisma de la persona que la sufre. Con cuidado, ayudamos a mi amigo a cruzar esos cinco metros, donde lo pasó mal y tuvo un par de momentos críticos, pero entre todos y con paciencia conseguimos pasar y acabar la ruta con luz suficiente y sin ningún otro peligro.

 ¿Recuerdas alguna situación en la que un supuesto sobre esta te causó conflictos? Reflexiona sobre lo que ocurrió. ¿Sabrías identificar tus supuestos frecuentes derivados de tu carácter?

Por tanto, hacer supuestos es natural, necesario para el curso del razonamiento y nos permite avanzar en la toma de decisiones. Mi carácter, mis experiencias personales, junto con el conocimiento de la situación otorgan diferentes bases y solidez a los supuestos. Debemos, no obstante, situarlos en su lugar y estar dispuestos a cuestionarlos y, en última instancia, debemos aceptar su refutación. Un razonamiento consciente de esos supuestos es un razonamiento más en calma, que acepta los diferentes devenires de la situación porque no considera dichos supuestos como ideas blindadas infalibles. Estos sesgos personales y supuestos pueden actuar como jaulas o como ideas que sustentan razonamientos de prueba que han de seguir testándose con la realidad y otros factores. Tomémoslos como lo que son y no caigamos de nuevo en la razón que todo lo puede y todo lo sabe.

# SESGOS CULTURALES, CÁMARAS DE ECO, NETFLIX Y TUS AMIGOS

El último tipo de sesgos del que hablaremos es el que tiene que ver con los grupos a los que pertenecemos. Los grupos comparten culturas. Las culturas son sistemas de creencias, hábitos y modos de comportamiento que se adquieren o asumen en un grupo determinado y pueden ser explícitas o tácitas. Esos grupos pueden ser más grandes o menos grandes. Un grupo puede ser un país, una religión, un club o un partido político. Eso se traduce en que las culturas pueden ser las creencias, hábitos y modos de comportamiento que comparten los habitantes de un país, los fieles, practicantes o creyentes de una religión, los miembros de un club, los miembros de un partido político o los que pertenecen a una ideología política. Todos pertenecemos a diferentes grupos y, por tanto, a diferentes culturas. Algunas más amplias engloban a las más pequeñas con ligeras relaciones o ninguna relación entre sí. Una familia española del sur pertenece, al menos, a la cultura española y también a la cultura del sur de España, la primera contiene a la segunda. En cambio, puede haber una persona que sea de izquierdas y juegue al tenis, ambas culturas no tienen, en principio, ninguna relación. También los gremios profesionales o las diferentes corrientes que hoy se ponen de moda generan culturas en este sentido. Las culturas implican una visión ética, con costumbres, normas, valores y concepciones del bien y el mal. Los que practican culturismo y los yoguis (que practican yoga) probablemente tienen culturas muy diferentes, valores diferentes. Las empresas tienen culturas que giran en torno a diferentes valores, aunque la adscripción individual a ellas es más problemática. Podemos incluso hablar de la cultura de nuestra familia o de nuestra pareja, esa serie de prácticas y valores que se despliegan en el día a día.

Las personas que comparten una cultura se sienten cercanas y *hermanadas* entre ellas, y distantes o ajenas a personas que pertenecen a otras culturas. Esos sistemas de creencias, hábitos y comportamientos funcionan como sesgos, interpretaciones o formas específicas de percibir la realidad que influyen en la acción sobre ella. Por ello, hablaremos entonces de *sesgos culturales*. Los sesgos culturales nos proporcionan una satisfacción del sentido de pertenencia y nos ayudan a encajar y comportarnos de acuerdo a los estándares de la gente a la que apreciamos. Pero a su vez, nos inculcan ideas que en algún momento de nuestras vidas hemos de cuestionar y abandonar o ratificar, haciendo gala de pensamiento crítico. La cultura muchas veces se convierte en una jaula, y su cuestionamiento crítico nos permite salir de esa jaula o elegir una que tenga la puerta abierta para entrar y salir cuando queramos.

No en pocas ocasiones, los componentes de la cultura se sienten como innatos, propios o elegidos, no siendo así. Cuando hago diálogo socrático, suelo iniciarlo con la pregunta: «¿Estás dispuesto a cambiar tus creencias fundamentales?». Seguidamente, pido un por qué. Las personas asistentes se suelen incomodar: «¿Mis creencias fundamentales? No». Pero luego hacen este razonamiento: «¿Cuáles son mis creencias fundamentales? Quizá sí estoy dispuesto a cambiar las que no son fundamentales y, aquellas que sí lo son, ¿me definen? ¿Son para siempre?» ¿Cuántas de tus creencias son tuyas propias y cuántas heredadas? Sentimos estar ante arenas movedizas; con la amenaza de ser considerados veletas o chaqueteros, creemos que las culturas nos definen, cuando en realidad nuestro apego a ellas puede ser circunstancial. No es un tema que vayamos a resolver aquí y ahora. Sin embargo, reconozcamos que los elementos de las culturas a las que pertenecemos pueden ser cuestionados, en especial, cuando nos limitan y nos encierran en jaulas que nos impiden el pensamiento crítico o cuando dejamos de estar simplemente felices de forma auténtica en ellos.

Durante un año, cuando me dedicaba a hacer el doctorado, fui a vivir a Alemania. Tenía un buen amigo allí al que había conocido durante mi estancia de Erasmus en Inglaterra. La siguiente escena corresponde a una noche concreta, pero el tema de conversación había sido y sería un asunto recurrente en nuestras charlas. Cenamos con mi amigo y su pareja, y al terminar llegó la cuenta. El que esté familiarizado con el país germano y su costumbre de dividir con exactitud la cuantía a pagar entre los comensales, conocerá la famosa expresión que preguntó el camarero: *Zusamen oder Getrenk?* (¿junto o separado?). Mientras dividíamos la cuenta entre lo que exactamente había consumido cada uno, ellos pagando cada uno lo suyo ajustado al céntimo y nosotros pagando nuestra parte correspondiente a medias laxas, yo inicié una conversación sobre este asunto. No era la primera vez, pero de nuevo mostré mi asombro ante la diferencia respecto a esto en España. Él ya conocía cómo se hacía en España y yo para nada quería entrar en una valoración sobre qué forma era la mejor. Me limité a decirle a mi amigo que era una cuestión cultural. Él insistía en que el método alemán era la mejor forma de pagar una cuenta, su forma era la mejor. ¿Crees que es la mejor forma de pagar? ¿O es una cuestión cultural? ¿Qué pasaría si alguien nos dijera que la ablación es la mejor forma de actuar? ¿Hay límites en la defensa de las cuestiones culturales? ¿Cuál es esa defensa? Bien, el asunto no es baladí. Podríamos decir que mi amigo cometía un sesgo cultural al pensar que su visión del asunto era la correcta. Por otro lado, probablemente hay ideas y prácticas de culturas que se sostienen mejor que otras. En este caso, de nuevo, podemos incluso apelar a la racionalidad instrumental si queremos un cálculo de acuerdo a lo justo cuantitativamente en las cuentas de esa cena. Sin embargo, desde nuestra nueva racionalidad, aquella que inspira el pensamiento crítico, una mayor flexibilidad, empatía y comprensión de la amistad y las emociones, ¿crees que llegaríamos a otra forma de dividir la cuenta?

Sucede, además, que participamos de actividades o formamos grupos con personas afines a nosotros, con los que quizá compartimos una o dos culturas que hacen que partes de nuestros sistemas de creencias, hábitos y comportamientos coincidan. Ahora, pensemos en el mundo posverdadero, con eslóganes que nos tratan de cercar en ciertas culturas y no en otras. Internet parece ofrecernos el mundo entero y, sin embargo, los algoritmos cada vez nos arrinconan más en nuestras propias creencias. Vemos lo que ya hemos visto, compramos lo que ya conocemos, hablamos con gente con la que ya hemos hablado. Es el sesgo de confirmación en tres dimensiones. Es lo que se conoce como las *cámaras de eco* (*ecochambers*). Escuchamos una y otra vez nuestra propia voz, en formas y formatos aparentemente diferentes. Aislamos las voces disidentes, al diferente, al que nos contraría. Evitamos la dialéctica, la confrontación. Todos tenemos una suscripción a Netflix. Vemos lo mismo, leemos lo mismo y confirmamos una y otra vez que pensamos lo mismo y que eso es lo correcto. Somos un *target*, un perfil; pensamos de tal manera y no vamos a cambiar, somos perfiles de consumidores, no personas ejerciendo su pensamiento crítico que evolucionan y cambian para crecer en la virtud. La única escapatoria parece ser de nuevo otro eslogan: «sal de tu zona de confort» para, superficialmente, vivir experiencias nuevas pero jamás para cuestionarte la cultura a la que perteneces.

Un día, un alumno de 20 años se me acercó después de la clase. Habíamos hecho un diálogo: solíamos dialogar siempre parte de la sesión sobre temas de actualidad que ellos elegían o que yo proponía. Siempre buscamos ir más allá de lo obvio, cuestionar nuestras creencias, argumentar bien nuestras opiniones, comprobar si se pueden llevar a la práctica... El alumno se me acercó y me dijo, muy serio, si no pensaba que las ideas y razonamientos a los que llegábamos en las clases eran increíbles, que él creía que estábamos llegando a algo a lo que no se había llegado antes, que estábamos «haciendo historia». Yo me quedé paralizada, en parte porque ese alumno era un poco polémico y no sabía si me tomaba el pelo. Pero al ver su expresión, seria y curiosa, le dije: «¿Crees que nunca se han pensado estas cosas antes o que ningún pensador o experto en el tema ha reflexionado sobre eso antes?». Él asintió con la cabeza y me insistió: «¿No crees, profe?». Yo le dije que lo pensara y que yo también lo pensaría. Él se marchó. Yo me quedé perpleja. Por supuesto que todavía hoy dudo de si entendí bien lo que me quería decir. Aunque desgraciadamente creo que sí. Y esto es exactamente lo que nos ocurre como sociedad. Estamos ignorando lo que ha pasado y lo que nos ha dicho la historia de la humanidad. Tenemos a nuestro alcance miles de películas en las nuevas plataformas, entendiendo que eso es todo lo que nos tiene que ofrecer el conocimiento audiovisual, ignorando las miles y miles de películas y series que la historia de la humanidad nos ha ofrecido, la creatividad de miles de personas y las perspectivas de diferentes culturas y países para quedarnos con una parte muy reducida. Leemos el último *bestseller* pensando que recoge ideas innovadoras, cuando en realidad son ideas de filosofías antiguas disfrazadas de autoayuda. No me refiero aquí a que ya esté todo inventado ni a que no haya cosas actuales valiosas. Me refiero a que nos hemos encerrado en nuestro propio mundo, uno muy pequeño, reforzado por el mundo de consumo. Quizá la globalización nos ha asustado tanto que hemos tenido que meternos en otra jaula. Abrámonos a la sabiduría de la humanidad, a lo que se ha dicho y escrito en su historia, al conocimiento y la sabiduría de muchas pensadoras y pensadores, escritores, artistas, creadores de toda índole, más allá de gurús, de cámaras de eco, más allá de Netflix. Con su ayuda, iniciemos búsquedas hacia la verdad con un pensamiento crítico asentado sobre una nueva racionalidad. Este pensamiento crítico solo podrá ser integrador, humanista y virtuoso.

 Reflexiona sobre estas preguntas: ¿reconoces tus grupos de pertenencia y sus ideas y visiones claves? ¿Estás conforme con los valores de todas las culturas a las que perteneces?

## CUANDO LA INTUICIÓN Y LA RAZÓN SE UNEN

Hemos hecho un recorrido por las formas que tiene la mente de entender la realidad. Los sesgos que interpretan la realidad siguiendo las experiencias y el conocimiento que la evolución nos ha dado, que también a veces resultan atajos que nos enjaulan, son potenciados ahora por los mecanismos de la posverdad. Y aunque estos sesgos saltan como resortes enjaulándonos, también hemos visto cómo desde una nueva racionalidad más inclusiva, podemos acogerlos con sentido crítico. Puesto que ya no defendemos una racionalidad pura y aséptica, no debemos entender los sesgos solamente como errores y fallos del sistema. Los sesgos nos facilitan la toma de decisiones y las intuiciones certeras y, otras veces, nos enjaulan en nosotros mismos o en comportamientos que nos impiden el pensamiento crítico. ¿Cuándo entonces hacer caso a los sesgos como intuiciones certeras? ¿Qué pistas tenemos para fiarnos de una interpretación, de una intuición? Hay tres pistas fundamentales: la del experto honesto, la del *freak* y la del conocedor de sí mismo. Expliquémoslas.

En los últimos tiempos, el papel del experto se ha cuestionado. Nótese que el experto no es solo alguien que sabe mucho de un tema teórico. Por el contrario, es alguien que ha desarrollado una sensibilidad especial para comprender el lenguaje específico de su materia y una práctica en la que ha encarnado sus conocimientos. Por ello, esa sensibilidad y esa práctica le permiten acercarse a las diferentes áreas de su maestría o a nuevos objetos, ideas y constructos dentro de esta con una mirada y una predisposición únicas. ¿Qué significa esto? Veámoslo con un ejemplo. Si eres un experto en vinos, conocerás muchos vinos, pero lo más importante no es lo que conoces, sino la sensibilidad, predisposición y experiencia que te permite encontrarte con un nuevo vino y poder interpretarlo, leerlo, degustarlo al máximo, sacarle lo especial. He oído a catadores decir que no se trata de ver un vino y hacer *playback*, es decir, identificar de dónde es y ya soltar la retahíla de conocimientos y descripción de cata de libro, sino que ante un vino siempre hay que escucharlo, catarlo y descubrirlo como nuevo, sacando, por tu pericia de catador, todas las emociones, sensaciones y lecturas que el vino te ofrece, acompañándolo, por supuesto, de ese marco de conocimiento más contextual e histórico. Un buen experto es aquel que ha encarnado su conocimiento y lo puede aplicar a una situación nueva en su campo con gran intuición. Además, ese no hacer *playback* tiene que ver con un aspecto que hemos incluido aquí: la honestidad. El experto no puede ser alguien comprado para dirigir la opinión, como hace tiempo nos hemos acostumbrado a ver en su máxima expresión con los *influencers*. El experto ha de tener la honestidad para acercarse con humildad a lo nuevo, poder aceptar su ignorancia en ocasiones y no venderse al mejor postor, sino estar al servicio del objeto de su pericia. Ese tipo de experto tiene una intuición certera y fiable. Si te reconoces aquí o quieres ser un experto en algo, esfuérzate cultivando estas características. Las interpretaciones e intuiciones de los expertos así entendidos, entonces, son más fiables. Y aun así, siempre el pensamiento crítico nos ayudará a cuestionarlas.

Además del experto, existe otra figura que en los últimos años ha designado a las personas que tienen una fuerte pasión por algo y, a la vez, no es algo dentro del sistema, ni productivo, ni asociado al trabajo ni reconocible o entendible por la mayoría. Estamos hablando del *freak* o de ser *freaky* de algo. Se habla de que eres un *freak* o muy *freaky* cuando esta pasión, obsesión o *hobby* la llevas hasta sus últimas consecuencias. Esas pasiones forman culturas donde se comparten sistemas de creencias, hábitos, acciones, valores con otros como tú. Esa cultura termina aportándote unos sesgos distintivos, creadores, originales, que te permiten ver el mundo con unas gafas especiales. Precisamente por su carácter *freaky* o de *outsider* del sistema, esos sesgos suelen permitir movimientos creativos de cuestionamiento del *statu quo*. En cierto modo, pueden suponer hasta una transgresión o una afrenta para este, clave para una verdadera creatividad, como señala Oli Mould: «La creatividad debería consistir en ir en busca de esas actividades, personas, cosas y objetos efímeros que se resisten a la absorción, la apropiación y la estabilización por parte del capitalismo». Aquel que en los espacios minoritarios y a contracorriente despliega su visión, estaría cerca de esa creatividad de la que habla Mould. Esa creatividad es la que escapa a la racionalidad instrumental, la que potencia una nueva racionalidad más integradora y ecológica. Las ideas de Mould nos recuerdan, por tanto, que esas interpretaciones de aquel que despliega esa creatividad tienen un gran valor. Podríamos también hablar de cómo culturas minoritarias o colectivos considerados marginales en ciertos momentos de la historia hoy alzan su voz consiguiendo la simpatía de más gente y abanderando justas reivindicaciones para todos. Véase el caso del feminismo, cuyas intuiciones y sesgos se muestran valiosos para, entre otras cosas, devolverles a las mujeres olvidadas de la historia el lugar que les corresponde o para identificar micromachismos dañinos ocultos, en busca de una verdadera igualdad.

O cómo la comunidad negra nos comparte valiosos sentires e interpretaciones que nos ayudan a entender lo que viven y han vivido durante siglos. Siempre valiéndonos de pensamiento crítico que nos invita al cuestionamiento y a la búsqueda de la verdad y la virtud, podemos encontrar interpretaciones, intuiciones y sesgos necesarios en ciertos momentos para avanzar. Son como soplos de aire fresco que vienen a aportarnos creatividad en mundos encorsetados.

En última instancia, el autoconocimiento y la dedicación a una vida examinada, a la escucha de tu cuerpo y tus necesidades y emociones, al desarrollo del pensamiento crítico, puede hacerte una persona intuitiva, siendo capaz de estar más perceptiva a ciertas sensaciones sutiles, a cambios que puedas experimentar, a una certera identificación de tus necesidades. Hemos de reconciliarnos con esa intuición corporal y sensible, una que proviene del autoconocimiento y la escucha atenta a nuestro cuerpo. Junto con el pensamiento crítico que nos permite ese examen de jaulas y eslóganes que encontramos tanto dentro como fuera, el autoconocimiento y la escucha sensible generan intuiciones certeras y clarividentes.

Razón e intuición, siguiendo ese lenguaje más clásico, se unen, complementan y entremezclan proporcionando pistas de cuestionamiento y sendas de búsqueda de la verdad que siempre tendrán, además, que interactuar con las otras intuiciones y sesgos de otros a través del diálogo.

Estemos atentos a nosotros mismos y a los demás, de humano a humano, escuchándonos y esforzándonos por desarrollarnos en ámbitos que nos muevan y nos apasionen. Estemos también atentos a esos mecanismos de la posverdad que ensalzan las jaulas de la mente que a veces nos encierran más. Estemos atentos a las creencias personales y culturales que nos impiden crecer, comprender, empatizar y encontrar verdades más virtuosas y universales. Estemos atentos a una nueva racionalidad que nutre este pensamiento crítico abriéndonos puertas y que nos cuestiona para ser más humanos, creativos y éticos.

## LA PREGUNTA

En este capítulo hemos entendido qué son los sesgos y hemos reflexionado acerca de su función como jaulas del pensamiento y de su función como intuiciones certeras. Saber cuándo están funcionando como uno y como otra es la clave y, aunque no es tarea fácil, hemos dado algunas pistas. Pero no hay receta rápida, debemos explorar nuestros sesgos e ir tomando nosotros decisiones al respecto. Sobre el problema que estás analizando, hazte las siguientes preguntas:

¿Qué sesgos puedes identificar en
la definición de tu problema?

Trata de indagar de qué tipo son y cuáles pueden ser intuiciones certeras.

CAPÍTULO 6
# Lo que hace mi lenguaje

Decía Noam Chomsky, gran filósofo de nuestros tiempos, que «el lenguaje humano está libre del control de los estímulos y no sirve para una simple función comunicativa, sino que más bien es un instrumento para la libre expresión del pensamiento y para la respuesta adecuada ante situaciones nuevas». La relación entre lenguaje, pensamiento y realidad ha sido objeto de numerosos debates en la historia del pensamiento. El pensamiento es indisociable de su expresión, de lo contrario, lo que tenemos dentro sería una caja negra para los demás. Y esa expresión del pensamiento influye en la realidad de forma directa. Siguiendo la idea de Chomsky, no expresamos solo lo que percibimos por los estímulos, no hay correlación exacta entre realidad y lenguaje. El lenguaje exhibe una gran libertad creadora que posibilita el afrontamiento de nuevas situaciones y la creación de nuevas realidades.

En el capítulo anterior nos hemos detenido a explorar algunas de las estructuras mentales con las que interpretamos la realidad. Los sesgos han quedado dibujados y ahora entendemos mejor en qué consisten, cómo identificarlos y cuestionarlos y cómo potenciar intuiciones certeras que respondan a una nueva racionalidad. Los sesgos y las intuiciones certeras generan posiciones ante la realidad que se expresan en forma de opiniones, afirmaciones, exhortaciones, invitaciones, etc. Todas ellas las compartimos con el exterior a través del lenguaje; nos comunicamos para conectar con los demás y para actuar en el mundo. Con nuestras opiniones pretendemos expresarnos, posicionarnos, influir en otros, actuar. Pero no todas las opiniones valen igual. En este capítulo veremos por qué y cómo prestar atención a la construcción de opiniones valiosas. Las opiniones valiosas son buenos argumentos que enriquecen nuestros posicionamientos prestando atención a lo que decimos y a cómo lo decimos. Los mecanismos de la posverdad refuerzan la circulación de las opiniones falaces, aquellas que se basan en la mala argumentación. Abordemos pues, en este capítulo, la comunicación de nuestro pensamiento a través del lenguaje. Porque nuestro pensamiento puede expresarse con meras opiniones sin fundamento, valiéndose de trucos y creando argumentos falaces. O bien podemos cuidar lo que decimos, construirlo sobre base sólida, desplegando buenos y veraces argumentos.

## NO TODAS LAS OPINIONES VALEN IGUAL

Mónica Cavallé, filósofa española y pionera en la práctica de la filosofía sapiencial en España, nos dice: «Un mal característico de nuestro tiempo es precisamente la falta de deferencia hacia los "hermanos mayores"; un mal que va de la mano de otro, el del actual imperio de la "opinión": todo el mundo opina sobre todo, con preparación o sin ella, y todas las aportaciones y opiniones, vengan de donde vengan, se sitúan al mismo nivel. Los medios de comunicación masivos pocas veces dan voz a quienes pueden realizar las más valiosas aportaciones; y, cuando lo hacen, esas voces se pierden en buena medida al nivelarse con un número ingente de voces irrelevantes. Esta pérdida de atención, respeto, reconocimiento y gratitud dirigidos hacia quienes hacen aportaciones significativas en cualquier ámbito humano, es decir, la tendencia a no reconocer la autoridad y la grandeza allí donde se encuentra, es una manifestación, en el ámbito colectivo, de la falta de impulso hacia la excelencia que define la mediocridad». Pero no solo ella alza la voz sobre esta verdad incómoda. Recuerdo en prensa a Marina Garcés hace unos años con un artículo titulado *Filosofía: la palabra libre* que comenzaba así: «Cada cual tiene su opinión. Este es uno de los dogmas más estúpidos de nuestro tiempo. Se transmite en las escuelas, en los medios, en los bares. Confunde libertad y arbitrariedad, y neutraliza la potencia de la palabra pública mediante la homologación de la opinión privada». Concluyendo que «Poder pensar y poder decir significa, precisamente, poder someter nuestras opiniones al examen de una razón común, es decir, de una común capacidad de razonar acerca de ellas». Esta crítica expresada por ambas filósofas todavía se recibe con recelo, a juzgar por las reacciones que observo en los que la escuchan.

¿Qué es el imperio de la opinión? ¿Qué nos hace creer que todas las opiniones valen igual? ¿Y por qué, siendo esta idea de sentido común, nos parece tan políticamente incorrecta? Comencemos respondiendo a lo primero. Recordemos que con la posmodernidad llegó el énfasis en la interpretación, lo local y lo subjetivo. Los eslóganes de la posverdad afianzan el relativismo y contribuyen a infravalorar al experto, a hacernos creer que podemos hablar de todo. Con las redes, internet y los *Smartphones,* mucha gente tiene un altavoz a su disposición; así, mucha gente puede expresarse a través de estos medios. Los altavoces de hoy están diseñados para que las opiniones que se dicen más alto, las que repiten una idea una y otra vez, las que se espetan con arrogancia y chulería, con aparente seguridad y sin titubeos son las más escuchadas. También, las que responden a los criterios estéticos de moda, la estética que Instagram imprime nos presiona a asumir el mismo formato que los que tienen miles de seguidores. Esos envoltorios pulidos, transparentes, pornográficos (Byung Chul Han explica muy bien esto en *La salvación de lo bello*), donde la estética de los cuerpos, las ropas y las lenguas y ojitos de gato reemplazan a cualquier exposición de razones, despiertan nuestras bajas pasiones y, por ende, generan más visiones y más *likes* que cualquier expresión sutil. El morbo ha suplido al valor. Y la belleza no debió nunca ser falaz. Los discursos que acompañan esas imágenes son efectistas, simplones, no hay cabida para el cuestionamiento. Ensalzan algo obvio o ponen a alguien o a algo a parir, insultan sin pudor, buscan la respuesta fácil, la confianza ciega o el famoso *zasca*. Nos recuerdan, por momentos, a las arengas, al pueblo y a las tropas de los más famosos dictadores. El discurso del argumento ha sido reemplazado por el discurso motivacional. El discurso motivacional, por sí solo, sin que la llamada vaya acompañada de buenas razones, se asemeja más al silbido de un pastor llamando ovejas. Solo admite la adhesión y no nos invita a entrar en procesos de búsqueda de la verdad. Así, en el imperio de la opinión, no solo las opiniones así presentadas son las más escuchadas, sino que, por ello mismo, parece que también son las que más valen. Son las que generan más dinero, más audiencia, más visiones, aunque no necesariamente sean las que tengan más valor o nos impulsen a ser mejores.

Un hábito extendido también contribuye a esta confusión. En nuestras conversaciones se ha instaurado el «depende», reforzando la idea de que todo depende de cómo se mire, de que todos los puntos de vista son válidos y de que finalmente no existe algo más valioso o verdadero porque nuestros problemas «son complejos y tienen diferentes prismas». Pero ¡cuidado!, estas frases son muletillas para no decir nada, para huir de la necesidad de pensar, para no tener que comprometerte con una idea o para no tener que argumentar. Pensar y argumentar son lugares incómodos hoy. Por sus fisuras se cuela el relativismo. Expliquémoslo.

La complejidad del mundo en que vivimos y la apertura a las diferentes visiones y culturas que la globalización nos ha permitido se suman a los mecanismos de la posverdad. El relativismo nos exime del compromiso con la verdad. El «depende» nos excusa de buscar razones, argumentos y criterios que acoten, conceptualicen y caractericen las cosas y los eventos del mundo. Si bien es totalmente cierto que un tema tiene diferentes visiones y diferentes puntos de vista de las personas implicadas, nombremos, entonces, cuáles son esas visiones, explorémoslas, argumentemos cuál creemos que es más relevante o cómo podemos incluir las visiones imprescindibles en nuestra argumentación. Busquemos los *universales*. Los universales son aquellos lugares a los que vamos llegando cuando estamos en la búsqueda de la verdad. No es la anécdota aislada, ni la visión particular ni solo *mi* opinión. Un universal es un argumento bien construido, que se encarna y sostiene con ejemplos y en la práctica, y que es experimentado por todo ello como más verdad en la comunidad donde se dialoga. Por supuesto, no es un absoluto ni una conclusión para siempre, sino un argumento provisional y revisable. En el buen diálogo y la buena conversación, sentimos a veces que tocamos roca dura, que sacamos conclusiones a las que todos damos nuestra aprobación y que es posible universalizarlas, es decir, que se podrían cumplir para muchas personas en muchos lugares. Esos son los universales. Sobre los universales, el diálogo y las comunidades más en el próximo capítulo.

Así pues, debemos alejarnos del relativismo por su falta de realidad. Siempre encontraremos opiniones mejores, argumentos mejores, fruto de procesos de pensamiento crítico que impliquen una toma de conciencia y cuestionamiento de nuestros errores de pensamiento, de nuestros sesgos, de nuestras intuiciones, y que dediquen el tiempo necesario a la definición de problemas con una adecuada exploración de nuestra ética. Tampoco el relativismo moral responde fielmente a nosotros, puesto que también siempre habrá valores mejores y virtudes más dignas de ser llevadas a la práctica, además de puestas en práctica más estimables que otras. En este capítulo precisamente veremos ciertos requisitos que hacen que una mera opinión se convierta en una opinión valiosa, es decir, en un buen argumento. Y veremos también cómo evitar los malos argumentos que emplean falacias para conseguir aprobación.

Y después de todo lo dicho, ¿por qué es políticamente incorrecto decir que no todas las opiniones valen igual? La incorrección radica en la confusión entre opinión y persona. Toda persona tiene valor, un valor en sí mismo, y tiene también derecho a expresarse. Sin embargo, no toda opinión tiene el mismo valor, ni el derecho a ser considerada igual que otra. Recordemos que decíamos que no somos nuestro pensamiento y que por eso teníamos la posibilidad de cambiarlo. Efectivamente, tu pensamiento y tus opiniones no te determinan. Nuestras opiniones pueden ser mejores o peores, están mejor o peor fundamentadas, pueden ser pobres o ricas y profundas, pueden estar más acertadas o estar muy equivocadas. Son cambiantes y ¡menos mal que lo son! Precisamente, esa asociación de la persona con la opinión es la que también nos lleva a cometer algunas falacias cuando tratamos de dar contraargumentos y objeciones, porque atacamos a la persona cuando debiéramos atacar su argumento.

Antes de entrar de lleno en la argumentación, reparemos en una última reflexión. Nos hemos acostumbrado a dar nuestra opinión y a ejercer esa preciosa libertad de expresión. Pero, desgraciadamente, el imperio de la opinión no ha ido de la mano de un imperio del buen pensamiento. No hay un entrenamiento del pensar: no sabemos cómo pensar bien, cómo construir opiniones valiosas. No hemos sido entrenados para salir de lo obvio y del cliché, ni para ir en búsqueda de lo profundo, de la verdad, a pararnos a pensar y, con cariño y cuidado, ir elaborando nuestros argumentos. En palabras del filósofo Emilio Lledó: «A mí me llama la atención que siempre se habla, y con razón, de libertad de expresión. Es obvio que hay que tener eso, pero lo que hay que tener, principal y primariamente, es libertad de pensamiento. ¿Qué me importa a mí la libertad de expresión si no digo más que imbecilidades? ¿Para qué sirve si no sabes pensar, si no tienes sentido crítico, si no sabes ser libre?».

Digamos alto y claro que no todas las opiniones valen igual. Y que no todo depende del punto de vista. Las opiniones valen en la medida en que se sostienen en buena argumentación. La buena argumentación consiste en apoyar lo que se dice en hechos y en intuiciones certeras que provienen de la observación cuidadosa, el autoconocimiento, la maestría de un experto, etc. A esa buena argumentación se llega con métodos que garantizan el cuestionamiento, como el método científico o el pensamiento crítico. Las opiniones valiosas, con su buena argumentación, nos acercan a los universales, es decir, nos acercan a la verdad. Centrémonos, por tanto, en entrenar nuestro pensamiento para que los mecanismos de la posverdad, el neuromarketing (la forma de vender que se aprovecha de nuestros sesgos) y la retórica (ese viejo arte de persuadir y convencer) no campen a sus anchas. El libre pensamiento es el pensamiento independiente que tiene la habilidad de distinguir quién o qué trata de llevarlo a su terreno sin su consentimiento.

## OPINIONES VALIOSAS, BUENOS ARGUMENTOS

¿Qué piensas de que vaya a haber elecciones anticipadas? ¿Qué te parecen las nuevas vacunas? ¿Te parece bien la reforma educativa? ¿Qué piensas de que hayan quitado un cine y abierto un supermercado de una gran cadena al lado de tu casa? ¿Qué opinas del nuevo compañero? ¿Y del cambio climático? Hoy todos estamos interpelados a expresarnos todo el rato. La natural necesidad de expresión ha pasado a ser una exigencia estresante. No solo somos interpelados a expresarnos, sino a posicionarnos, con claridad y rapidez, acerca de los temas más candentes. Además, a través de las redes, nos expresamos y damos actualizaciones de lo que nos sucede pudiendo tener un alcance nunca imaginado. Pero ¿podemos opinar de todo? ¿Sabemos dar opiniones valiosas? Por todo lo dicho hasta ahora, podemos concluir que no podemos opinar de todo y no, no nos hemos educado en la construcción de opiniones valiosas. No solo no podemos tener toda la información sobre un tema (recordemos cuando hablábamos de esa imposibilidad en el capítulo sobre la posverdad), sino que no podemos tener información de todo, la suficiente información de todo para opinar con propiedad. Además, la construcción de opiniones valiosas no es una habilidad a la que se preste atención, ni en la educación (brillan por su ausencia las clases de argumentación) ni en los medios, tal y como hemos descrito. Aceptemos nuestra doble ignorancia: la de no poder tener información sobre todas las cosas y la de carecer de entrenamiento en la construcción de opiniones valiosas. Y abordemos directamente la segunda.

Ante la exigencia de posicionamiento, recordemos primero, la necesaria parada y suspensión del juicio que nos invitaba a hacer Dewey para cultivar el pensamiento crítico; no olvidemos practicarla. A pesar de que hablar y comunicarse es vital para vivir, el silencio nos ayuda a parar. Soportemos la incomodidad del silencio, del no hablar por un momento, para pensar y ordenar lo que vamos a decir. Hace unos años me embarqué en un retiro de silencio de unos cuatro días en Tailandia. A pesar de que soy una persona que hablo bastante, también me gusta estar en mí misma, en silencio, observando y disfrutando. La experiencia me dejó dos posos fundamentales. Hablamos de más, sin duda, y el estado de nuestra mente y cuerpo se muestra con claridad en el silencio. El silencio es la puerta hacia el buen pensamiento y la buena palabra.

Pero además de silenciarnos a veces, necesitamos hablar. En los tiempos actuales, es común asistir a reuniones, charlas con amigos, exposiciones de ideas, etc., donde no se esgrimen más que opiniones y donde los tiempos de silencio escasean. Se vierten toda clase de opiniones enmascaradas en quejas, ironías, críticas, exhortaciones, etc. Pocas veces tratamos de expresar una opinión dando razones de por qué pensamos así. ¿Cómo cambiamos esa dinámica?

 Presta atención a cuando afirmas cosas sin dar razones. Trata de expresar una idea sosteniéndola en las razones de por qué crees que es así.

Entonces, ¿cómo construimos nuestros posicionamientos? ¿Cómo crear una opinión valiosa, un buen argumento? Un argumento es una construcción discursiva donde hay una conclusión que se sigue de unas premisas. Efectivamente, un argumento contiene una afirmación que, en este caso, llamamos *conclusión*. Pero necesita de unas premisas, unas razones que apoyen esa conclusión. Irónicamente, estamos acostumbrados a solamente decir la conclusión, que es, por definición, el final del camino. Ni siquiera conocemos las premisas que sostienen nuestras ideas. Idealmente, son las premisas las que deben llevarte de la mano, deben ayudarte a recorrer un camino, miguita a miguita, párrafo a párrafo, para conducirte a la conclusión. En la argumentación, el orden es importante, colocar cada miguita en su lugar puede hacer a Hansel y Gretel localizar el camino de vuelta a casa, la mayor de las recompensas. Las premisas aportan el soporte y la solidez a un argumento. La conclusión puede ser atractiva, estar muy bien descrita, puede decirse más alto, con más retórica, pero si las premisas son débiles, caerá con ellas. No estamos buscando el argumento final ni el definitivo. Un argumento debe ser siempre revisable, *premisas* y *conclusiones*, por ello no debemos tener miedo a explorar y buscar premisas que sostengan nuestras conclusiones.

Antes de meternos de lleno en la forma en la que buscar las premisas de mis conclusiones, vamos a detenernos un momento en la identificación de argumentos. ¿Es posible que tengamos confusión distinguiendo un argumento de una simple opinión o una descripción?

 ¿Cuál de las siguientes afirmaciones se podría considerar un argumento? No se ha preguntado por un buen argumento, sino por lo que podemos catalogar como argumento. Busquemos premisas y conclusiones.

1. Sea optimista. No resulta de mucha utilidad ser de otra manera.
2. Yo soy optimista: me abro a nuevas situaciones, siempre espero lo mejor.
3. Creo que ser optimista es un grave error de juicio de la realidad.

La 2 es una definición personal de lo que el que habla entiende por ser optimista, está describiendo lo que es. La 3 es una opinión, una valoración que no da ninguna razón de por qué o en qué se sostiene lo que piensa. Por débil que nos parezca, la 1 es un argumento. Se trata de una frase que dijo Wiston Churchill tomada como ejemplo de argumento del libro *Las claves de la argumentación* de Anthony Weston. La razón que nos da es: «No resulta de mucha utilidad ser de otra manera». Es una razón que nos invita a pensar, a buscar ejemplos y contraejemplos, nos introduce la nueva idea de utilidad. Echamos de menos, sin duda, más ejemplos, explicaciones y definiciones de ese nuevo concepto introducido, de optimismo y de su relación con este.

No nos resulta sencillo distinguir un argumento de una simple opinión que se posiciona. La clave para distinguirlo será primero buscar una conclusión, la idea más importante que se está afirmando y, un vez identificada, buscar razones, premisas que estén sosteniendo esa idea.

¿Qué premisas pueden sostener una conclusión? Veremos cuatro tipos de construcciones: los argumentos por ejemplos, los argumentos por analogía, los argumentos causales y los argumentos de autoridad.

ARGUMENTOS POR EJEMPLOS. Una de las técnicas que nos resulta más común es la de sostener nuestras ideas en ejemplos, es decir, con sucesivos hechos que son ejemplos de una misma situación. Los ejemplos serían aquí nuestras premisas. Será necesario que demos varios ejemplos, diferentes entre sí y de un número adecuado, representativo. Cuantos más ejemplos podamos dar, mejor. Es decir, más sólidas serán esas premisas que sostengan la conclusión. Si digo que el té de jengibre y limón ha hecho que mi resfriado mejore y concluyo que el té de jengibre y limón mejora el resfriado en personas sanas, he de dar ejemplos, no solo de personas de mi familia o mi entorno que también han mejorado de su resfriado, sino que he de dar ejemplos de personas de lugares diferentes, de diferentes complexiones, con diferentes hábitos, etc. Si aun así estas otras personas también mejoran con ese té, el argumento es cada vez más sólido. Los ejemplos han de tener relevancia para el caso. No vale poner como ejemplo que alguien mejoró de otra cosa con ese té, o ejemplos de personas que parecía que estaban cogiendo un resfriado y tomaron el té pero que en realidad finalmente tenían alergia. Una última prueba para hacer más sólido el argumento es buscar contraejemplos. En nuestro caso, deberíamos buscar gente que tomando ese té y teniendo un resfriado (y no teniendo ninguna patología que agravara la situación) no mejorara con el té. Si nos cuesta encontrar contraejemplos, nuestro argumento tiene más solidez. Y si los encontramos pero podemos establecer las condiciones en las que se dan los contraejemplos y en las que se cumple mi argumento, estaremos ayudando a matizar y mejorar el argumento. Por ejemplo, imaginemos una persona resfriada, sin ninguna otra patología, pero que estuviera continuamente expuesta a cambios bruscos de temperatura y que al tomar el té no mejorara. En ese caso, podríamos decir que el contraejemplo se puede explicar porque hay una condición importante para que el té funcione: que, por otro lado, no se esté haciendo algo para que el resfriado empeore. No se cumple nuestro argumento porque dicha persona está expuesta continuamente a algo que hace agravar su estado, así que el té no le ayuda lo suficiente como para contrarrestar esa otra situación de exposición a cambios de temperatura. Busquemos ejemplos, variados y numerosos. Si encontramos contraejemplos relevantes que lo refutan, nuestro argumento se debilitará o tendrá que ser desechado. Y mantengamos el argumento si somos capaces de establecer las condiciones que explican los contraejemplos.


ARGUMENTOS POR ANALOGÍA. ¿Cuántas veces te has visto en la necesidad de comprar un utensilio y has visto la vasta oferta del mercado? ¿Cómo has elegido? Seguro que en estos casos, alguna vez has construido un argumento por analogía. Cada cierto tiempo, mi móvil suele morir, como el de la mayoría de nosotros. Cada tres años me veo ante la misma situación: he de comprar un móvil acorde a mi presupuesto y con unas funcionalidades que me permitan hacer una serie de cosas, algunas específicas que necesito por trabajo (básicamente necesito una cierta capacidad de almacenaje y una buena calidad en fotos y vídeos). Normalmente si tenemos un presupuesto determinado y queremos conseguir un buen utensilio que nos sea útil por un tiempo, deberemos hacer algunas investigaciones (buscar hechos, opiniones valiosas de expertos o personas con criterio, etc.). En objetos que tienen diferentes funcionalidades, como un móvil, miramos no solo marcas que sean de confianza sino, cuando queremos salir un poco de la compra por marca, buscamos opiniones de productos con características parecidas. Lo que hacemos es buscar analogías. Buscamos móviles con sistemas operativos que sabemos que funcionan, con cámaras con cierta calidad, tanto trasera como frontal (por eso de si necesitas sacarte foto o grabarte solo). Si sabemos que el móvil de nuestra amiga funciona bien y le ha durado, buscamos, si no el mismo (quizá el suyo se sale de nuestro presupuesto), alguno con características similares. Pero quizá no nos fijemos tanto en analogías de color, como si el móvil era blanco o negro, sino en otras características más interesantes, más relevantes para las funciones que nos importan en la compra. Miraremos móviles con cierta capacidad de almacenamiento y con calidad en foto y vídeo. Imaginemos que hemos encontrado un móvil con características similares a uno de una marca más cara que consideramos muy bueno. Nos regocijamos, hemos dado con la ganga, nuestro elegido tiene además mejor precio. Pero, en este momento, nos damos cuenta de que nuestro elegido tiene una durabilidad muy diferente, que a muchos usuarios les da problemas (hemos revisado las valoraciones en diferentes páginas fiables y hemos consultado algún amigo experto en tecnología). Habremos encontrado aquí una *desemejanza*. Pongámoslo en forma de argumento. Este móvil A tiene buen almacenamiento, buena calidad de foto y vídeo. El móvil B (nuestro móvil elegido) tiene el mismo almacenamiento, la misma calidad de foto y vídeo, pero su durabilidad es diferente. Mi argumento para comprarlo es emplear la analogía con el móvil A, si A funciona bien, B también. Pero la desemejanza que he encontrado es muy importante y hace que el argumento por analogía que he construido pierda solidez. Comprar el móvil B, que es más barato, no es tan buen idea si atendemos a la durabilidad, una característica muy relevante. Así, mi argumento ha perdido solidez; sin duda, habría que buscar más variedad o renunciar a esa durabilidad. En definitiva, cuando argumentamos con analogías hemos de dar con analogías de características relevantes para nuestro argumento y nuestra decisión. Si encontramos desemejanzas, que recaigan, al menos, en características más secundarias. Si el móvil A y el móvil B tuvieran el mismo almacenamiento, la misma calidad de cámara, la misma durabilidad pero diferente color, seguramente elegiríamos el B que, además, es más económico. El color aquí es una desemejanza no tan relevante.

ARGUMENTOS POR CAUSAS. A veces, para algunos temas, nos remangamos bien y nos aventuramos a explicar las causas de nuestras conclusiones. Aquí son importantes no solo hechos, sino intuiciones certeras y clarividentes. «El orden físico lleva al orden mental». Esta frase ha sido un lema en mi familia durante mi infancia y mi adolescencia. Se la escuchaba a mi padre repetir como cantinela. Creo que este es un buen momento para testarla. ¿Lleva el orden físico al orden mental? Una primera pregunta que debemos hacernos es esta: ¿siempre que tengo orden físico tengo orden mental? Lo primero que debemos buscar es la correlación de los dos eventos. Si los dos eventos no se dan en el tiempo con cierto orden (primero la causa y luego la consecuencia), la primera no puede ser causa de la segunda. En este caso, he de concluir que no siempre que tengo orden físico tengo orden mental. Aun así no basta con que pasen uno seguido del otro. Puede haber correlaciones que sucedan continuamente y que no tengan ninguna explicación detrás y que, por tanto, no podamos usar como argumentos de causas. Un ejemplo de esto se da en la siguiente correlación: los días que más helados se venden hay más ahogamientos. Pero no hay más ahogamientos porque la gente consuma más helados. La ingesta de más helados no es la causa de que más gente se ahogue. Lo que hace que más gente se ahogue es que mucha más gente se baña porque hace más calor. Cuando hace más calor se venden más helados y más gente se baña, por lo que más gente se ahoga. En el argumento del orden físico y el orden mental, podemos decir que tener cada cosa en su sitio y, por ejemplo, ponernos a trabajar en una mesa ordenada, serena nuestra mente. Además, saber dónde está cada cosa evita momentos de nervios o de estrés, contribuyendo también a nuestra serenidad y orden mental. El orden mental de una persona puede deberse a múltiples causas, así también debemos preguntarnos si nuestra causa es la causa mayor: ¿es el orden físico la mayor causa del orden mental? ¿Es la causa más probable? Un persona tiene orden mental si lleva una vida equilibrada, cuida su cuerpo y mente, cuida y ordena su entorno y espacio físico, cuida a las personas de su entorno y comunidad… También puede haber personas que tengan orden mental sin hacer todo esto. Así, puesto que no hay un correlación siempre y puesto que tener orden mental tiene varias causas, nuestro argumento no es del todo sólido, aunque tampoco es completamente inválido, pues bien podríamos decir que es una causa que influye hasta cierto punto. Así, para construir un argumento causal, hemos de encontrar correlación, causalidad (que una cosa sea causa de la otra) y que esa causa sea la mayor o más probable.

ARGUMENTOS DE AUTORIDAD. Muchas veces los temas de los que hablamos exceden nuestras áreas de conocimiento y otras, aunque tengamos suficiente conocimiento sobre ellos, nos apoyamos en lo que otros han dicho o hecho. Hemos hablado de la importancia de las interpretaciones e intuiciones de los expertos, de los apasionados o *freaks* y de las personas con mucho autoconocimiento y pensamiento crítico. El argumento de autoridad consiste en mencionar una autoridad, competente en la materia o para el argumento en concreto, que sostenga nuestra conclusión. Además de un experto, un *freak* o un pensador crítico y gran observador, una autoridad puede ser alguien con mucha experiencia en el asunto del argumento o que ha dedicado mucho tiempo a esa área o a quien le haya pasado la situación de la que el argumento habla. Asimismo, una autoridad también es un grupo de personas, una comunidad, una institución (empresa, gobierno, etc.). Usamos los argumentos de autoridad continuamente. Por ejemplo, bien podríamos saldar el argumento del primer ejemplo sobre el té con jengibre y limón apelando a estudios científicos de autoridades en la materia. Sin embargo, su uso no debe suponer una excusa para no seguir dando otras razones que hagan sólido el argumento. Siempre hemos de preguntarnos acerca de la fiabilidad de esa autoridad y cuestionarnos la calidad del pensamiento del que hace gala. No vale de nada que nosotros nos preocupemos por cultivar nuestro pensamiento crítico si desplegamos argumentos de autoridades totalmente carentes de este. Por caricaturizar un poco más este asunto, sería muy difícil que siendo pensadores críticos, empleásemos sin más un argumento basado en la figura de autoridad de Hitler o de Trump. Si los utilizamos para mostrar las características de los líderes totalitarios o la forma en que en política se despliega la posverdad, entonces serían ejemplos de nuestra argumentación, no autoridades en la materia.

En resumen, un buen argumento, primero, ha de estar bien construido: ha de tener premisas y conclusión. Los argumentos han de basarse en premisas sólidas que pueden venir de hechos e intuiciones certeras, nombrados como ejemplos, analogías y causas, y también de autoridades y expertos. Estas pistas deben permitirnos construir argumentos cada vez más sólidos que siempre serán revisables y cuestionables en un diálogo.

## CREAR PALABRAS CON FONDO

Cuando expresamos opiniones y argumentamos, usamos palabras. Muchas veces prestamos poca atención a las palabras que usamos, a cómo las usamos y a cuál es su significado. Hay palabras que designan cosas complejas, difíciles de localizar en el mundo de lo concreto. A veces ni siquiera son palabras, son conjuntos de estas que van más allá de lo literal. Estamos hablando de los *conceptos*. Una cosa es hablar de una silla en particular y otra del concepto de silla y, desde luego, más complejo aún es hablar de amor, justicia o educación. La conceptualización es una habilidad que la filosofía desarrolla y que, sin embargo, de nuevo hemos pasado por alto. Los conceptos nos permiten hacer abstracciones y categorizar la realidad para afinar más en nuestras argumentaciones.

Es frecuente continuar una conversación de opiniones sin esclarecer lo que queremos decir y sin entender bien lo que dice el otro. Lanzamos grandes palabras, como «libertad» o «bien común», que esperamos sostengan nuestras opiniones por sí solas, sin atender a sus diferentes significados ni dimensiones y sin pararnos a consensuarlos con nuestro interlocutor. En conversaciones de comunidades y equipos, mucho mal pensamiento y conflicto viene de la falta de clarificación de los conceptos que usamos. El pensamiento crítico nos habilita para conceptualizar, para crear palabras que nos ayuden a captar los matices de la realidad y que nos inviten a categorizarla.

Según la Fundación para el Pensamiento Crítico (Critical Thinking Foundation), los conceptos son constructos intelectuales que nos permiten identificar, comparar y distinguir dimensiones de nuestro pensamiento y experiencia. Diremos de un concepto que aparece como una palabra o un conjunto de estas. Es decir: podemos usar «miedo» en una conversación, pero también «miedo a lo desconocido». A veces ni siquiera nombro el concepto pero está implícito en lo que digo: puedo estar hablando de ciertas sensaciones que experimento en situaciones que desconozco, sin usar como tal el concepto de miedo a lo desconocido. En ese caso, diremos que el concepto de miedo a lo desconocido subyace a mi relato. Los conceptos son abstractos, no se refieren a ninguna realidad concreta. Los significados de los conceptos pueden variar según las teorías que defendamos. Podemos hablar de amor, aunque su definición será diferente para cada uno y lo interesante es precisamente esa exploración.

La conceptualización que el pensamiento crítico nos invita a hacer tiene que ver con la capacidad de identificar conceptos, de distinguir significados y teorías en ellos, de trabajar con ellos para que nos ayuden a desgranar y categorizar la realidad y de incluso acuñarlos. No solo nos ayudan a matizar y afinar en nuestras indagaciones, sino que es una práctica tremendamente creativa, porque nos permite inventar nuevas palabras o acuñar nuevos significados que relacionen cosas aparentemente dispares. Los conceptos también nos permiten incluir en las palabras y en nuestras conversaciones al entorno, realizando diagnóstico de lo que ocurre y mostrando cómo lo interiorizamos nosotros o nuestra comunidad.

Por ejemplo, no es lo mismo educación, entrenamiento, socialización o adoctrinamiento. Sin embargo, hacernos preguntas sobre sus significados e implicaciones y discriminar entre ellas nos ayuda a entender mejor el concepto de educación.

Toma un concepto que uses mucho en tu día a día (amistad, libertad, información, etc.) y trata de definirlo. Toma conciencia de cómo lo usas en tus conversaciones y pon a prueba tu definición. Inventa nuevos conceptos de la misma familia que definan situaciones más concretas (por ejemplo, «amistad con derecho a roce» o «libertad de expresión»).

Exploremos por un momento el concepto de salud. En la pandemia, el concepto de salud ha estado en el centro de nuestras conversaciones y decisiones, incluso aunque no se haya explicitado. Muchas veces ha sido un concepto pobre, donde solamente se ha tratado la salud como la evitación de la muerte. A medida que la pandemia ha avanzado, hemos asistido a un reenfoque del concepto donde, a fuerza de datos y vivencias de una salud psicológica empeorada, hemos ampliado nuestro concepto. ¿Ha sido la pandemia un problema de salud? O, por el contrario, ¿ha sido un problema de educación, de mentalidad social o de mala comprensión de lo que es la vida humana? ¿Ha sido un problema económico o político? Después de esto, de las vivencias que te han tocado y de los avatares que ha sufrido el mundo, ¿redefinirías tu concepto de salud?

# HABLAR SIN FALACIAS

Hasta aquí hemos hecho un análisis de nuestra forma de expresarnos en el mundo y de la necesidad de salir de la mera opinión y apostar por las opiniones valiosas, en definitiva, por la buena argumentación. Hemos visto cómo argumentar bien y cómo dotar de significado a nuestras ideas, cuestionando y definiendo conceptos. Por último, en este capítulo abordaremos la mala argumentación. De los malos argumentos comenzó a hablar Aristóteles allá por el siglo IV a. C.; ahí comienza la historia de las falacias. Siempre nos ha interesado detectar quién nos vendía la moto y por qué. No obstante, la falacia se ha fundido con el hablar actual y con el desinterés por la verdad característico de la posverdad. Los mecanismos de la posverdad hacen que sea urgente comenzar a identificar los razonamientos falaces, tanto en nosotros como en los demás. Las falacias nos buscan y nos hacen creer que algo es un argumento cuando no es así. La falacia nace de los hábitos de mal pensamiento, de unos sesgos sin cuestionamiento, de una falta de virtud, de unos conceptos poco claros. Sin todo eso, para convencer al otro solo tenemos la trampa, no hay más recurso que emplear.

Pero vayámonos un poco más lejos en la historia, a la Grecia clásica, donde en la polis ateniense surgieron los sofistas. Su nombre viene de Sofía, sabiduría y, sin embargo, los libros de texto nos han enseñado que su trabajo era muy diferente al del filósofo. Los sofistas eran los intelectuales que hacían de profesores para instruir a los jóvenes atenienses cuando la educación no era suficiente. Su papel fue esencial en la democracia, ya que era imprescindible expresar públicamente los posicionamientos. Ellos era especialistas en el arte de la retórica, que consistía en persuadir al oponente. Los sofistas hablaban de la virtud y decían que se podía enseñar a cualquier persona, independiente de su procedencia o predisposición natural. Hasta aquí no vemos grandes diferencias con los filósofos. El propio Sócrates, filósofo paradigmático aquí, es visto como un sofista por los ciudadanos de la polis y hasta Aristófanes, el comediante, escribe una obra satírica, *Las nubes*, donde lo parodia como aquel que enseña no solo el buen argumento, sino el mal argumento (aquel que persuade de lo que no es justo). Sin embargo, la gran diferencia entre los sofistas y Sócrates reside en la aceptación por parte de este último de su propia ignorancia, y con ella abriría la puerta a un cuestionamiento real de los argumentos. Jamás un sofista aceptaría que no sabe nada; muy al contrario, su trabajo consistía también en ensalzar su propio orgullo de intelectual.

Este matiz da sentido a todo el pensamiento crítico y señala sin miramientos a la ponzoñosa posverdad. Los mecanismos de la posverdad no se cuestionan a sí mismos. Precisamente, como parten del desprecio hacia la verdad, no entran en caminos titubeantes de búsqueda de esta. Por eso, la retórica, ese arte de persuadir, usado desde antiguo por los sofistas, adquiere un nuevo valor en nuestro cultivo del pensamiento crítico. Podemos embellecer el discurso, encontrar las formas de persuadir al otro, hacer esfuerzos por buscar la palabra adecuada. Pero no podemos hacerlo despreciando la verdad, los hechos, las intuiciones certeras, a los expertos, al autoconocimiento, dando todo argumento por bueno o toda opinión por válida. Entonces, ¿cómo diferenciar una mala argumentación de un embellecimiento del discurso?

Diremos que una falacia es «una mala argumentación que, a primera vista, al menos, parece razonable o convincente, y en esa medida resulta especiosa», siguiendo la definición de Luis Vega Reñón, filósofo experto en argumentación. Una falacia, por tanto, es un argumento expresado de una manera en la que el razonamiento parece válido, en la que parece que la conclusión se sigue de las premisas. Sin embargo, solo «parece» porque en realidad es un truco. Es un truco de retórica para ganar y convencer en la conversación. La conclusión no se sigue de las premisas: a veces es una distracción, o emplea el miedo o la coacción, o la forma de expresión te persuade.

¿Cómo aparecen estas falacias? ¿Dónde lo hacen? Las falacias aparecen en múltiples lugares, en todas nuestras comunicaciones, en los anuncios, en la prensa, en los discursos políticos todos los días. Hasta en la forma en que nos hablamos entre nosotros y a nosotros mismos. Por hacer honor a quien inauguró una tipología, el filósofo John Locke, comenzaremos por su clasificación (las tres primeras) y añadiremos hasta diez, con una extra muy propia de nuestros tiempos.

*Ad hominem*: cuando atacamos a la persona en vez de al argumento proferido por esta. Ejemplo: «Esa persona es un desastre, no puede haber escrito un buen libro». Atacando a la persona no estamos dando un argumento que sostenga que su libro es malo. Si así lo creemos, deberíamos explicar las razones por las que creemos que el libro es malo (que no está bien hilado, que no usa un lenguaje claro, que faltan ejemplos).

*Ad verecundiam*: cuando apelamos a la autoridad para hacer valer el argumento. En la publicidad encontramos muchos ejemplos. Muchas veces basta con elegir un *influencer*, un gurú o una cara conocida para hacer valer las virtudes de un banco, un champú o un coche. Deberíamos, en vez, contar los valores reales de ese objeto o servicio explicando por qué es bueno y, en todo caso, si usamos una autoridad, como vimos en la argumentación por autoridad, hemos de mostrar la relación de esa autoridad con el asunto en concreto, así como comprobar su fiabilidad. En última instancia, hemos de cuestionarla y buscar también otras razones.

*Ad judicium* (también conocido como *ad populum*): apelamos al sentido común o a la opinión de la mayoría para sostener el argumento. Ejemplo: «Todo el mundo sabe que si vas a una entrevista de trabajo con ropa informal tienes menos probabilidades de conseguir el trabajo». Deberíamos aducir razones para sostener el argumento (experiencias, estudios, etc.), no apelar a lo que la mayoría dice o hace, o a la creencia de todo el mundo. «Si tus amigos se tiran por el balcón, ¿tú también lo haces?», decían los padres.

*Ad ignorantiam*: apelamos a la ignorancia, a la falta de información sobre ese asunto o a la imposibilidad de conseguirla para sostener el argumento. Ejemplo: «Como no puedo probar que Dios no existe, entonces existe». También muy frecuente en temas en los que se sigue investigando y no hay datos concluyentes: «No podemos probar que la radiación de los móviles provoque cáncer, entonces está claro que no lo provoca». Que no podamos conocer algo o que haya investigación no concluyente en curso o que alguien no sepa algo en un momento determinado no es una buena premisa para sostener un argumento. Mejor sería dar razones de por qué creemos que existe Dios o por qué creemos que la radiación de los móviles no puede provocar cáncer.

*Ad baculum*: apelamos a la fuerza o al terror (*ad terrorum*) para sostener el argumento, generalmente presentando una amenaza velada. Ejemplo: «Si no recoges la habitación, ya verás». Este tipo de argumentos emplean una coacción sobre el interlocutor: le muestran una consecuencia negativa que se sigue de no hacer caso a la conclusión ( «la necesidad de recoger la habitación»). En cambio, deberíamos explicar por qué es necesario recoger la habitación. En muchas conversaciones, podemos observar este tipo de amenazas veladas, sobre todo en relaciones tóxicas, en política y en la televisión. Si encuentras estas argumentaciones en tus relaciones, has de modificar tu forma de hablar o alejarte de los que lo hacen.

*Petición de principio*: también conocida como *razonamiento circular* o *tautología* y se da cuando simplemente afirmamos lo mismo en las premisas y en la conclusión pero con otras palabras que lo hace parecer diferente. Ejemplo: «Felipe González fue un gran gobernante porque gobernó muy bien el país». Deberíamos, si es que estamos hablando de cosas diferentes, explicar bien los significados de las dos ideas, porque aparentemente no estamos diciendo nada. El razonamiento circular es un mecanismo muy usado cuando no tienes razones o no las encuentras para afirmar algo. El vicio consiste en repetir prácticamente lo mismo una y otra vez. Desde luego así también el mensaje cala, pero no para los que ya estamos entrenados en pensamiento crítico. Pediremos entonces razones para sostener la idea que no repitan la misma conclusión.

*Apelar a la novedad*: apelamos a la novedad de algo para sostener la validez del argumento. Ejemplo: «Mi nuevo Iphone es mejor porque es el último modelo». Aunque nos parezca que este argumento se sostiene, no es así. Deberíamos argumentar los razones, exponer las virtudes que tiene este Iphone en comparación con sus predecesores u otros teléfonos similares. En nuestra cultura, es común dar valor a las cosas por ser nuevas o más nuevas, por ser el último descubrimiento. Lo hacemos sin cuestionarnos si eso vendido como lo último tiene en realidad más valores y virtudes que otras cosas similares. En muchas ocasiones, es un gran reclamo de venta, pero nada más. Por el contrario, creemos que lo viejo tiene menor valor, sean personas o cosas. ¡Atentos a esta falacia que nos empuja hacia la gerontofobia!

*Efecto dominó*: esta falacia se construye con un razonamiento en cascada, donde parece que una cosa lleva a la otra acabando en la mayor de las catástrofes o en una consecuencia llamativa y que pintamos como inevitable. Así la idea final, la catástrofe, se liga a la idea inicial. Sin embargo, la relación entre las ideas no está probada. Se usa mucho en política. Ejemplo: «Si legalizamos la marihuana, aumentará el consumo, mucha gente consumirá, entonces, no podrán llevar su vida normal, no trabajarán, la economía se colapsará y la sociedad se resentirá en una gran crisis económica y de valores».

*El arenque rojo (red herring) o la pista falsa*: esta falacia es básicamente una maniobra de distracción. La usamos cuando queremos desviar la atención a otro tema para seguir ganando la atención y el beneplácito del que nos escucha, sin haber argumentado acerca de la primera idea de la que hablábamos. Los medios de comunicación y los discursos populistas la usan mucho y funciona. Ejemplo: «Contratar más médicos y enfermeros y mejorar sus condiciones es importante, pero lo realmente clave es lograr vacunar a la población. La última campaña ha conseguido vacunar al 3% de la población».

*El hombre de paja*: con esta falacia ridiculizamos el argumento del contrario para ganar el nuestro. No damos razones, sino que lo ridiculizamos de forma exagerada y malvada. Ejemplo: «María: Queremos fomentar el uso de la bicicleta para desplazarse por la ciudad porque es más sano y sostenible. Antonia: Ustedes lo que quieren es que haya más ciclistas atropellados, es una locura ir en bici por la ciudad».

Estas diez falacias son muy comunes en nuestro día a día. Además de estas diez debemos prestar atención a la argumentación por el «me gusta» o «porque yo lo siento», que se relaciona con uno de los eslóganes de la posverdad. Ejemplo: «Este helado es el mejor porque me encanta». Desde luego para ti, porque te encanta, puede ser el mejor. Ahora imagina que has de valorar diferentes helados, has de poder dar razones, explicar lo que sientes y cómo lo sientes. Esto no solo te enriquece a ti, sino que el compartir tu criterio, tu gusto, permite la conversación y probablemente mejora la experiencia. Asimismo, que algo te guste o no es tan solo una opinión, una preferencia personal, y en la medida en que no des razones no podrá ser una opinión valiosa. Es una opinión legítima siempre y cuando solo te afecte a ti y a tu preferencia, pero no podrá ser una opinión que aporte en un diálogo de construcción colectiva.

## EL BUEN HABLAR, EL BUEN PENSAR

El buen pensar tiene mucho que ver con el buen hablar. Presos de las batallas retóricas que hemos de lidiar para sobrevivir en un mundo de excesiva exposición, exagerada rapidez y donde se valora más al que más grita, hemos olvidado la importancia de las palabras y su uso. Marco Aurelio, el filósofo emperador, reemplazó su entrenamiento en retórica, una enseñanza extendida en la época y exigida a gobernantes, por el estoicismo, esa filosofía que nos devuelve a nosotros el quehacer respecto al mundo, a nuestra actitud, a nuestra palabra y a nuestra virtud. Si por algo era conocido Marco Aurelio fue por su uso de la palabra sencilla, al grano, sin alardeos, buscando la verdad. La honestidad de nuestro pensamiento se observa en la forma en que hablamos. ¿Os imagináis a un gobernante de nuestro tiempo cambiando las clases de oratoria y retórica por clases de filosofía y pensamiento crítico?

Antes de hablar hemos de pensar, no para censurarnos o perder el humor, como algunos creen, sino para ejercitar precisamente esa enorme libertad que el pensamiento nos brinda. Para ir más allá de la falacia y de argumentos poco sólidos y ofrecernos verdaderas oportunidades de explorar nuestra creatividad y la creatividad colectiva. También para respetar nuestra humanidad y la de los demás, poner cuidado en lo que decimos, buscar la belleza en la palabra, el cariño en la frase, buscar la virtud. La verdad no se nos presentará sin cuidado, hacia uno y hacia los demás. La sociedad demanda cuidado, muchas voces apuntan. Y el cuidado empieza por no hablarse mal. El argumento falaz se ha fundido con nuestra propia voz y hemos interiorizado al sofista interior que nos lleva a su terreno. Esa voz emplea la falacia *ad hominem* (cuando te dices que eres tonto, que no vales, etc.), nos amedrentarnos a nosotros mismos con la *ad baculum* («si no puedes con eso, verás…»), nos subimos a la cascada de la catástrofe gracias a la falacia de efecto dominó («todo será un desastre si no haces esto o aquello…»). Nos hemos acostumbrado a hablarnos mal a nosotros mismos. Y de lo que no nos damos cuenta es de que un mal hablar es un mal pensar. Cuida tu lenguaje, cuida tu pensamiento y cuida tu vida

En última instancia, el pensamiento crea mundos a través de la palabra. Las buenas palabras nos transforman. Si no, imaginemos al sofista Gorgias defendiéndose ante Sócrates en el diálogo que lleva su nombre. Allí le argumenta que el buen retórico puede convencer a un enfermo de llevar a cabo el tratamiento que le conviene mejor que un médico. En efecto, una buena retórica, la belleza y excelencia en la palabra, proveniente de un buen pensamiento, nos valdrá para influir, transformar y crear buenos mundos. Pero no vale de nada la palabra sin pensamiento, el argumento con falacia, la opinión sin valor. Cuestionemos nuestro uso de la palabra, pongamos atención y cuidado, busquemos la buena argumentación, fijémonos en los conceptos y su significado y creemos mundos con valor.


## LA PREGUNTA

En ese capítulo hemos caminado por el lenguaje, desmontando la valoración por igual de todas las opiniones, distinguiendo opiniones valiosas de las que no lo son. Hemos desgranado en qué consiste un buen argumento y cómo preguntarnos y definir los conceptos que usamos, empleando todo su potencial para categorizar y matizar la realidad. Para finalizar, hemos identificado tipos de argumentos falaces que usamos para persuadir a los demás y también a nosotros mismos, proponiendo una vuelta al cuidado de la palabra y a su estrecha relación con el buen pensamiento y la búsqueda de la verdad. Ahora, si estás siguiendo el proceso de pensamiento crítico propuesto aquí respecto a un problema, hazte estas preguntas.

¿Qué conceptos usas en la
definición del problema?

Clarifícalos y defínelos.

¿En qué argumentos te basas
para definir tu problema?

Trata de describirlos y valora si son buenos argumentos o esconden alguna falacia.

# CAPÍTULO 7
## *El diálogo*

Una buena conversación nos puede cambiar la vida. Piensa en las importantes conversaciones que has tenido con tus padres, aquellas en las que tus amigos te hicieron ver algo con otros ojos, las conversaciones con tus profesores o simplemente esas que se producen inesperadas, a veces, en medio de la calle. Grandes conversaciones han decidido leyes, e incluso guerras, que han cambiado el curso de la historia. En la buena conversación, en el diálogo, se construye el pensamiento. La conversación nos ayuda a articular lo que pensamos, nos obliga a verbalizar nuestras ideas. Una vez que salen por nuestra boca, es posible comenzar a observarlas desde fuera y cuestionarlas. Es en la conversación donde ponemos a prueba nuestra ética, nuestros sesgos e intuiciones. Y ahí, para hacernos entender o persuadir, desplegamos las artes de la argumentación. El otro, al que tenemos enfrente, nos abre un nuevo mundo y, junto a él, podemos caminar por senderos inexplorados. El pensar propio se puede entender a veces como un diálogo con uno mismo. Y las más de las veces es un diálogo con otros, los que están presentes, y con aquellos que dejaron sus ideas y su sentir en nuestra memoria o en textos y creaciones para la eternidad.

En nuestro recorrido por las actividades del pensamiento, hemos definido un problema, discriminado la información para entenderlo, explorado nuestra ética, cuestionado sesgos e intuiciones, construido argumentos y cuidado nuestras palabras. Ahora bien, ¿cómo dar respuesta a nuestros problemas? Nuestra cultura ha destacado el momento del eureka, visto como esa chispa que sucede en la mente del genio. Esta forma de entender la creación es individualista y narcisista. Pero una mirada más amplia a la historia nos brinda otro tipo de escenarios. El referente de genio paradigmático es Einstein. En 1905, Einstein dijo a su amigo y también científico Michele Besso: «Gracias, he resuelto completamente el problema. Un análisis del concepto de tiempo me dio la solución. El tiempo no puede ser definido absolutamente, y hay una relación inseparable entre el tiempo y la velocidad de la señal», tal y como recoge el historiador de la ciencia Peter Galison. Sin embargo, en ese mismo libro, *Relojes de Einstein, Mapas de Poincaré,* Galison nos dibuja una historia colectiva, con participantes que van desde los técnicos y especialistas en el telégrafo que medían con su señal distancias lejanas, pasando por diferentes personas que hicieron sus propuestas para sincronizar relojes a la oficina de patentes donde Einstein trabajaba, hasta físicos y matemáticos trabajando en diferentes partes del mundo, como el neerlandés Lorentz o el francés Poincaré. El propio Einstein no trabajaba solo, compartía problema con su íntimo amigo Michele Besso y también con su mujer, Mileva Maric, a la que la historia se está encargando de colocar en el lugar merecido. Imaginemos las numerosas conversaciones que ocurrieron entre estas personas, que permitieron el surgimiento de la teoría de la relatividad. Hay artes en las que esa creación colectiva es imprescindible, pensemos en la música. Una gran canción surge generalmente de la colaboración entre diferentes personas. ¿Y las vacunas recientes? ¿No son equipos de científicos y especialistas de diferentes órdenes los que las crean? ¿Y las grandes decisiones políticas, como la regulación sobre las emisiones o la asignación de presupuestos? Todos imaginamos grandes mesas redondas con personas, expertos de toda índole, conversando y tomando decisiones. Las grandes creaciones y decisiones de la humanidad han sucedido en la conversación. Sin embargo, ¿sabemos conversar? ¿Sabemos cómo dialogar para dar respuesta a nuestros problemas? Al fin y al cabo, dialogar es pensar con otros. Si el pensamiento ha sido dejado de lado, ¿qué hay de las habilidades que nos permiten pensar con los demás?

De nuevo recordemos a Zymunt Bauman, fallecido en 2017, que en los últimos años de su vida, nos insistía una y otra vez, como el que ve algo que los demás no ven, en la importancia de aprender a dialogar. En su libro póstumo, *Retrotopía*, habla de las paradojas de construir un mundo cosmopolita, de diferentes culturas y global, sin habernos educado en el cosmopolitismo. Es decir, ¿es posible esta apertura hacia el otro y la mezcla con él, con lo diferente, sin crear más conflictos de los que ya hay y logrando cierta armonía? Bauman sentencia que esta pregunta es una cuestión de vida o muerte para la humanidad y, sin titubeos, nos dice que la respuesta está en nuestra capacidad para dialogar. La complejidad de los tiempos, la cantidad de prismas a los que tenemos acceso y la diversidad de personas con las que nos relacionamos necesita una capacidad de diálogo al mismo nivel. Entonces, ¿cómo cultivar la capacidad para dialogar?

En este capítulo apuntaremos a ciertos hábitos y formas de vida de nuestros tiempos que impiden el despliegue de esa capacidad. Hablaremos de la importancia de recuperar el significado del encuentro con el otro y desarrollarlo en el diálogo. Para ello propondremos bases, reglas y procedimientos que nos inspiran desde Sócrates, el maestro del diálogo, y explicaremos el funcionamiento del diálogo socrático. Para terminar, hablaremos de la necesidad de crear comunidades de diálogo para dar respuestas, crear soluciones, encontrar acciones y alumbrar los universales que nos faciliten la convivencia en estos tiempos revueltos.

## POR QUÉ NO HABLAMOS CON DESCONOCIDOS

Uno de los inmensos placeres de viajar en tren antes era sentarte al lado de gente con la que nunca pensarías cruzarte. El tiempo se detenía en el vagón, podías casi fundirte con las vidas que acontecían en ese instante. A veces te tocaba enfrente alguien mayor. Comprobabas cómo buscaba cruzar una mirada que le diera permiso para comentar el tiempo o hacer alguna referencia a su destino y a quién le esperaba allí. Viajar en tren era un evento social donde la cortesía indicaba que era adecuado entablar conversación con quienes tenías enfrente. Ahora la cosa es bien distinta. Los viajes y la convivencia que hemos de hacer con otras personas en el transporte (sea el metro, el autobús, el tren o el avión) no son actos sociales. No los vemos como tal. Suponen un medio más, aséptico y práctico, para trasladarnos al lugar adonde queremos o tenemos que llegar. El estar cerca de otro ser humano es puramente casual, casi se puede obviar, pues la exigencia social es mínima.

Contamos, además, con aparatos de entretenimiento individual, móviles, tabletas, etc., que nos animan aún más a permanecer en otro tipo de mundo social que no está delante de nosotros. Un mundo que, como hemos comprobado, es más cerrado, se parece más a nuestro propio mundo mental, reafirma lo que ya sabemos, es nuestra propia cámara de eco. No nos enfrenta con nada extraño, fuera de nosotros. Nuestro dispositivo se ha convertido ahora en la nueva zona de confort.

¿Hace cuánto que no hablas con un desconocido o simplemente con alguien diferente a ti? Con los tiempos de pandemias y desconfianza, de polarizaciones políticas y extrañeza cultural, la distancia con el otro aumenta. Si apenas nos acercamos, si apenas dejamos entrar al que no es como yo en mi parcela, ¿cómo vamos a dar respuesta a problemas comunes, a retos colectivos, a daños que provocamos todos a un planeta compartido?

El pensamiento sucede en el encuentro con el otro. Nuestros pensamientos y creaciones están influidos por los demás y afectan a los demás, así como las suyas a las nuestras. En las poéticas palabras de Martin Buber, filósofo que creía en la posibilidad de diálogo entre judíos y árabes en Palestina: «... me realizo al contacto del *Tú*; al volverme *Yo*, digo *Tú*. Toda vida verdadera es encuentro. La relación con el *Tú* es directa. Entre el *Yo* y el *Tú* no se interpone ningún sistema de ideas, ningún esquema y ninguna imagen previa. La memoria misma se transforma en cuanto emerge de su fraccionamiento para sumergirse en la unidad de la totalidad. Entre el *Yo* y el *Tú* no se interponen ni fines, ni placer, ni anticipación. El deseo mismo cambia cuando pasa de la imagen soñada a la imagen aparecida. Todo medio es un obstáculo. Solo cuando todos los medios están abolidos, se produce el encuentro».

Buber escribe este bellísimo pasaje que puede resultar poco claro. Expliquémoslo. Nos habla del poder del encuentro, de que el ser humano se realiza precisamente en él. Pero también nos habla de cosas que se interponen para que el encuentro pueda producirse: esquemas, fines, placeres... Bien podría estar aquí refiriéndose a una razón instrumental que nos hace medios, que nos hace considerar al otro como un medio para lograr nuestro propio placer o el fin que perseguimos. Por tanto, solo cuando no tratamos de conseguir del otro lo que queremos, cuando no tenemos una expectativa prefijada, cuando no estamos concentrados egoístamente en nuestro placer, cuando no nos apegamos a nuestra imagen de nosotros (a lo que sabemos, a lo que tenemos que demostrar, a lo que creemos que es correcto...), cuando no nos adherimos de forma fija a ningún sistema de ideas, a ningún esquema, a ninguna otra imagen, solo entonces, cuando nos despojamos de todo eso, podemos encontrarnos. Y solo entonces podemos comenzar a conversar genuinamente.

Ahora, trata de recordar la última vez que tuviste un verdadero encuentro, una buena conversación. Ese último momento en que te paraste a hablar con alguien, a mirarlo a los ojos y escucharlo. Y esa persona hizo lo mismo contigo. Cada palabra la recibíais con todo vuestro cuerpo, tratando de comprender, evitando cualquier juicio. Os reconfortabais con gestos de empatía, de verdadera curiosidad e indagación. La conversación fluía y os hacíais comentarios, preguntas, aclaraciones, que iban aportando a la causa común. De forma casi mágica construisteis algo nuevo: una nueva sensación, una imprevista solución o una conclusión clarividente. Sintiéndoos en gran conexión, dicha conversación os produjo felicidad, satisfacción por avanzar en el conocimiento y en el descubrimiento propio y ajeno, así como una profunda sensación de amor y esperanza por la humanidad.

 ¿Cuándo fue la última vez que tuviste una buena conversación? ¿Con qué frecuencia tienes estas conversaciones? Reflexiona ahora por qué las tienes o por qué no las tienes.

No solo no propiciamos momentos de encuentro genuino, sino que, cuando nos vemos, nuestras conversaciones se llenan de frases hechas y lugares cliché. Nos dejamos llevar por la inercia de hablar de lo anecdótico y entramos de lleno en el cotilleo. Se suceden comentarios innecesarios que juzgan la paja en el ojo ajeno sin mirar la viga en el nuestro. Y ahí nos recreamos por largos tiempos. No es de extrañar que ese tipo de conversación nos produzca hastío, hasta un cierto vacío. Los temas políticos y otros temas superficiales rellenan nuestras charlas. Porque, incluso, cuando queremos tener una conversación real, no sabemos cómo hacerlo, no sabemos cómo escuchar al otro y no sabemos cómo preguntar. Estamos más entretenidos en fingir o en mostrar que sabemos, que en atender al momento del encuentro. La inercia conversacional nos atrapa, hasta al más ducho en habilidades retóricas, hasta al más comprometido con la búsqueda de la verdad. Y así, sin una honestidad brillante, la conversación no se sostiene por mucho tiempo. En cambio, si nos atrevemos a romper esa inercia, nos comprometemos con la búsqueda de la verdad y la virtud, nos enfrentamos al cuestionamiento de nuestro pensamiento y miramos directamente a los ojos del otro, podremos abrir la puerta a un proceso mágico.

David Bohm, un científico americano que fue conocido por sus aportaciones a la física cuántica y la relatividad, comenzó cada vez más a interesarse por el diálogo. Preocupado por los devenires de la ciencia y de la humanidad en su conjunto, vio en la práctica del diálogo la respuesta. Uno de los participantes de sus grupos de diálogo, que luego fue su editor, Lee Nichol, escribió esto en el prólogo del libro *Sobre el diálogo*: «A lo largo de toda su carrera como físico teórico, Bohm se dio cuenta de que el quehacer científico, a pesar de su pretensión de perseguir la "verdad", se halla tan contaminado por las ambiciones personales, la defensa a ultranza de las teorías y el peso de la tradición que ha terminado sacrificando la participación creativa en la consecución de los objetivos comunes de la ciencia. Basándose parcialmente en este tipo de observaciones, Bohm solía señalar que gran parte de la humanidad se halla atrapada en una red de intenciones y acciones tan contradictorias que no solo da lugar a una mala ciencia, sino que además genera una desintegración personal y social que, en su opinión, trasciende las diferencias culturales y geográficas y afecta hasta tal punto a la humanidad que hemos terminado aclimatándonos a ella». Nichol recoge ahí la gran crítica de Bohm a las formas en las que los humanos nos relacionamos: hemos perdido la capacidad de construir juntos y sucumbido a los egos individuales y al fanatismo (esa obsesión por encerrarnos en nuestras propias teorías) y, lo peor, nos hemos acostumbrado a ello.

Bohm desarrolla toda una defensa del diálogo. En especial, nos habla de una actitud esencial que posibilita la buena conversación. Nos dice, reflexionando sobre los aparentes diálogos que tienen lugar en las grandes organizaciones, como la ONU, donde tienen que ponerse de acuerdo sobre temas de suma importancia: «En tales diálogos los participantes no están realmente dispuestos a cuestionar sus creencias fundamentales y, por tanto, lo único que hacen es negociar cuestiones secundarias como, por ejemplo, quién tiene más o menos armas nucleares». Y sentencia: «… hay demasiadas cosas incuestionables y no negociables de las que nadie quiere hablar (…) Y es que la gente no suele tolerar fácilmente el cuestionamiento de sus creencias más profundas y suele defenderlas con una gran carga emocional». ¿Estamos verdaderamente dispuestos a hablar y a negociar sobre cualquier tema? ¿Estamos dispuestos a renunciar a nuestras creencias fundamentales? La pregunta incomoda a mucha gente y la sola idea de renunciar a las creencias básicas que nos ha llevado tiempo construir y que nos conforman nos hace dar un rápido «no» como respuesta. Si son creencias fundamentales, no. Sin embargo, la actitud que mueve a la verdadera conversación, al diálogo, es una actitud de despojarse de todo o, al menos, de estar dispuesto a hacerlo, de estar dispuesto a ponerlo en suspenso. Probablemente uno puede pensar que, por ejemplo, el respeto a otra vida puede ser una creencia fundamental a la que no quiere renunciar. Pero la pregunta no nos sitúa en la tesitura de tener que renunciar de hecho, sino que nos propone una actitud. Nos propone la actitud de estar dispuestos a renunciar si ciertas condiciones se dan. Por poner un ejemplo extremo, si la vida de alguien indefenso corre peligro a manos de un criminal, en defensa de esa otra vida, quizá puedo renunciar a respetar la vida del criminal. Volviendo a la actitud, como nos diría Bohm más adelante: «La idea básica del diálogo es la de ser capaces de hablar mientras suspendemos nuestras opiniones, las retenemos delante de nosotros, sin reprimirlas ni insistir en ellas. Sin intentar convencer, sino tan solo comprender. Lo primero que hemos de percibir son todas las opiniones de todas las personas, sin tener que tomar decisiones ni decir quién tiene razón o quién está equivocado. Lo más importante es que todos veamos lo mismo». En el diálogo, usamos la misma parada y suspensión del juicio que nos invitaba a hacer Dewey. Llegamos al diálogo sin trabas, sin interferencias, sin tabúes, sin apegos, sin placeres, sin fines, sin esquemas. La valentía de la actitud de sentarse a la mesa del verdadero diálogo nos abre la puerta para ir más allá de nuestro pensamiento y suspenderlo, para así poder cuestionarlo. Ahí, el pensamiento de uno, su punto de vista, se transforma en algo más grande, participa de algo más grande que le transciende. Eso más grande es el diálogo y, por ello, nuestro pensamiento y nuestras creencias han de ponerse entre paréntesis, suspenderse, para poder observarse sin apegos.

Solo así podremos embarcarnos en un proceso verdaderamente creativo, sin plan ni final predeterminado. En palabras de Gregorio Luri, cuando habla de cómo Sócrates es condenado a muerte por su práctica dialógica: «La principal herramienta filosófica socrática es el diálogo (...). Lleva en sí un elemento de imprevisibilidad. Ningún dialogante honesto puede asegurar cómo acabará un diálogo, por la sencilla razón de que si los que se ponen a dialogar lo hacen con la pretensión de conocer algo que ignoran —la verdad— difícilmente podrán saber qué tipo de reacciones se irán despertando en el proceso de su búsqueda».

Para resumir, tratemos de salir de nuestros mundos cerrados y cuestionemos nuestra actitud hacia el otro. Busquemos la buena conversación y propiciemos momentos de diálogo poniendo en práctica nuestro pensamiento crítico, la parada y la suspensión del juicio, y la disposición a poder renunciar o cambiar mis creencias si encontramos otras mejores. Pero ¿cómo hacer esto? ¿Cuáles son las condiciones que permiten un diálogo?

## CÓMO DIALOGAR

Todos conocemos los *Diálogos* de Platón, donde Sócrates hace gala de su arte de preguntar para sacar a la luz el conocimiento y el pensamiento de su interlocutor. Al arte de preguntar de Sócrates se le conoce como *mayéutica*. Se ve a sí mismo como a una matrona que ayuda a alumbrar las opiniones y pensamientos de su interlocutor poniéndolos a prueba para poder ver si «el pensamiento del joven es algo imaginario y falso o fecundo y verdadero». El legado de Sócrates ha sido de suma inspiración a lo largo de la historia. Y ha sido complementado por muchos otros autores que, tomando sus métodos, los han aplicado en el arte de dialogar[3].

El diálogo socrático es una indagación en comunidad que busca una construcción colectiva. Así, el diálogo aborda un problema y suspende el juicio, propiciando una salida del pensamiento automático y la inercia conversacional. Invita así a destapar lo que hay debajo de nuestro pensamiento (errores, problemas,

---

3    La metodología de diálogo socrático aquí explicada es la que yo he practicado y pulido durante diez años en diferentes grupos de diálogo. Se inspira en las ideas del filósofo Leonard Nelson y en prácticas más actuales, como las de Marc Sautet, Óscar Brenifier, María Luisa López Cabrejas, Mercedes García Márquez, Oliver Álvarez y Jorge Sánchez-Manjavacas.

ética, sesgos, interpretaciones, mala argumentación, etc.) para, entre todos, construir universales que nos acerquen a la verdad.

Un diálogo queda muy lejos de un debate y también de un coloquio. De un debate porque no hay posturas irreconciliables ni ganadores ni perdedores, no tratamos de convencer al otro. Y de un coloquio porque no es un puré ni un *brainstorming*, porque no se dicen muchas ideas inconexas y cada uno añade cuando quiere y lo que quiere en una especie de «yo vengo a hablar de mi libro». Cada uno de los participantes pasa a ser miembro de un todo que construye, donde tu *Yo* o tu ego queda en un segundo plano.

Un día asistí a un coloquio con un filósofo bastante conocido y otros profesionales de la educación. El coloquio consistía en turnos breves de pocos minutos que iban pasando de unos a otros para responder a preguntas que el entrevistador realizaba. Las conexiones entre lo que decían los participantes eran prácticamente inexistentes o meramente fortuitas. En un momento dado, la conversación giró hacia una serie de vivencias personales de una de las expertas en educación, relatando ella la pérdida de su padre y los aprendizajes valiosos que había realizado durante y tras esta vivencia, ligándolo al tema del aprendizaje en momentos donde se experimentan emociones negativas. Como había agotado su tiempo, pasó el turno al filósofo que, ignorando lo comentado por su compañera y no percatándose de los ojos llorosos de esta, espetó un «como dije en mi libro...» y habló de algo totalmente diferente. ¿Podemos llamar diálogo a una interacción en la que ignores a uno de tus interlocutores imponiendo tu ego individual? Este ejemplo nos muestra cómo la representación pública del diálogo es nula y se reemplaza por dinámicas que nada tienen que ver con él. Además, nos revela la falta de empatía, el enconamiento en nuestro ego y la dinámica social perversa de la falta de construcción con el otro.

En los últimos tiempos, los debates electorales han sido también muestra de esto. En la mayoría de ocasiones, los candidatos a las elecciones no saben cuáles son las condiciones que se deben respetar, más allá de requisitos formales y superficiales. Esas condiciones son aquellas que, si se rompen, impiden que se pueda producir un verdadero diálogo. Se permiten argumentaciones falaces (ataques a la persona, ridiculizaciones, etc.), exhortaciones de ideas sin aportar razones, repeticiones de lo mismo en eslóganes que nos recuerdan a aquellos de la posverdad, ideas inconexas y actitudes de completa falta de empatía, por nombrar algunas malas prácticas. ¿Qué sucede hoy en los debates políticos? ¿Por qué no existe el diálogo en estos espacios? ¿Qué podemos hacer para cambiar esta dinámica? Además de cultivar nuestro pensamiento crítico, la actitud de apertura al otro y la suspensión de nuestras creencias, debemos también entender que el diálogo, para que se produzca, necesita de unas condiciones, unas bases que lo inspiren, unas reglas que nos sitúen en el juego limpio. Un diálogo, y más en la arena pública, que no establezca sus bases y reglas no podrá existir, pues se perderá en la inercia conversacional de los tiempos y terminará por desvirtuarse, dando cabida a cualquier situación. En esas plazas, los periodistas o moderadores, en vez de limitarse a velar por el cumplimiento de reglas superfluas (solo pendientes de los segundos permitidos de intervención), deberían también estar comprometidos con la búsqueda de la verdad y el cultivo de la virtud. Al igual que el pensamiento crítico no puede suceder si no atendemos a sus actividades, que son sus condiciones, un diálogo no puede suceder sin atender a sus bases y sus reglas que son las que permiten un terreno fértil donde puede crecer la verdad y la virtud. En un estercolero donde cada uno tira lo que quiere o lo que le sobra no puede crecer una bella planta.

¿Cuáles son pues las bases y las reglas del diálogo? Comencemos por las bases que abonarán el suelo.

HABLAMOS DESDE MÍ Y NO DE MÍ. En un diálogo no hablamos de lo anecdótico de mi vida, ni me enrollo y *doy la chapa* como hago con mis amigos, no me victimizo ni me desahogo en monólogos infinitos. En el diálogo hablas desde ti, desde tu experiencia, tus impresiones, lo que sabes, lo que te sucede, tus visiones de la realidad, tus argumentos, tus ideas. Y no solo has de hacerlo en abstracto, sino también explicando los ejemplos reales y cotidianos que las ilustran. El humor o la realidad cotidiana están presentes en el diálogo, pero no el desahogo egoísta o la postura caricaturizada para eclipsar otras opiniones. No nos escondemos ni tratamos de reafirmar a toda costa nuestras ideas, sino que desde la humildad de lo que sabemos y experimentamos aportamos a la mesa de diálogo.

DEJAMOS EL EGO FUERA. En el diálogo, hacemos un esfuerzo por apaciguar el ego, por dejar a un lado esa importancia que nos damos cuando creemos tener razón. Buscamos un lugar desde el que hablar tranquilo, una actitud de indagación, ingenua, hasta cierto punto. Participamos sin esperar nada concreto, sin pretender forzar al otro a asentir, sino exponiendo nuestra opinión, aunque sí con toda nuestra habilidad de buena expresión y apoyándola sobre buenos argumentos, pero siempre tratando de que el ego no se nos salga por la boca. Tratar de sosegarse y escuchar será una tarea titánica, sobre todo para los muy protagonistas. Pero recordemos que el ego también se esconde en quien no habla por vergüenza o timidez y que prefiere escuchar juzgando interiormente. El diálogo apela a tu responsabilidad, te necesita, has de ser valiente para involucrarte por el bien de todos. Así, el propio diálogo se convierte en un ejercicio para trabajar nuestro ego, lograr confianza y habitar más nuestro ser.

BUSCAMOS LA VERDAD Y LA UNIVERSALIDAD. En el diálogo no buscamos convencer ni ganar con estrategias, estamos comprometidos con la búsqueda de la verdad. No hablamos de una sola verdad absoluta, sino de aquellos universales que resuenan internamente a más gente y que descansan sobre buenos argumentos e intuición clarividente. Nuestra verdad tiene que ver con el pensar consciente y crítico prestando atención a las actividades del pensamiento (problema, sesgos, interpretaciones, ética, falacias, etc.). Tiene que ver con el cuidado en el pensar, puliendo despacio y con tiempo la piedra bruta para dar con el diamante interior. El compromiso auténtico con esa búsqueda de la verdad y la práctica de la virtud y su despliegue prestando atención a las actividades del pensamiento crítico hace más fácil encontrar los universales.

EL SILENCIO Y LO NO VERBAL. El silencio tiene su espacio y su hueco en el diálogo socrático. A través de él también damos espacio al pensamiento, nos permitimos suspender el juicio y elaborar cuidadosamente lo que queremos decir. También el silencio nos permite habitar el problema que se aborda y vivir el propio diálogo sin que la razón instrumental imponga su ritmo. Tiene cabida lo que vamos sintiendo, lo que nuestro cuerpo nos señala. Construimos en el diálogo desde todo lo que somos, pues los universales son ideas que se encarnan, que funcionan en la práctica y que se sienten como clarividentes.

Por todo lo dicho, el diálogo es uno de los mejores lugares donde practicar el pensamiento crítico. Llevo diez años guiando grupos de diálogo y han sido experiencias espectaculares. Hay personas que han aprendido a expresar sus ideas y razonar, otros han relajado su ego para favorecer la construcción colectiva. Todos aprendemos siempre. La práctica continua de diálogo nos sumerge en un esfuerzo de comprensión que reporta no solo diversión, como muchos participantes aseguran una y otra vez, sino un avance real en la sabiduría colectiva.

Si el diálogo es tan maravilloso, ¿por qué no los tenemos más? ¿Por qué solemos caer en la crispación o el enfrentamiento? ¿Cómo poner orden para crear juntos y disfrutar? Cuando estamos en una charla de bar nos interrumpimos, cambiamos de temas continuamente, caemos en el argumento falaz, a veces solo para reírnos con los demás. Esas conversaciones forman parte de la vida pero nos hastían si se convierten en el único patrón comunicativo. Además, si queremos que la conversación nos lleve a otros lugares o nos ayude a responder a problemas más complejos, debemos darle una cierta estructura. En los temas delicados, además, la inercia conversacional nos lleva a la crispación y el enfrentamiento, entonces, ¿cómo organizamos la conversación?

Una vez que hemos abonado el suelo sobre el que puede florecer el diálogo, necesitamos entender cómo organizar el flujo de ideas. Para ello también el diálogo nos ofrece unas reglas que funcionan como reglas de juego. Si te están entrando ganas de montar un diálogo, comienza con estas sencillas reglas y atribuye a alguien el rol de velar por su cumplimiento. Las cuatro reglas se explican al comienzo del diálogo para que todos los participantes se hagan responsables y autónomos en su cumplimiento.

Las cuatro reglas básicas son las siguientes:

1. RESPETAR EL TURNO. El turno se pide y el guía filosófico o la persona que haga este papel dará los turnos en función de criterios que van desde el orden en pedir la palabra hasta la priorización de los que no han hablado hasta ese momento. El tiempo del diálogo siempre es limitado, como el tiempo de la vida, así que hemos de estar preparados para que muchas manos se queden arriba. Esta regla nos devuelve a nosotros mismos, a mirar cómo estamos en el espacio de diálogo, y nos invita a realizar una verdadera escucha. No estamos esperando para poder hablar mientras otro habla, sino que debemos escuchar lo que se está diciendo. Si lo hacemos, puede que nos demos cuenta

de que lo que queríamos decir ya no procede y cedamos el turno. Estamos acostumbrados a escuchar por encima y a asumir lo que quiere decir el otro desde la primera palabra. Parémonos y salgamos del piloto automático, escuchemos de verdad.

2. SER BREVES Y CLAROS. Se pide que las intervenciones sean breves por dos razones: una, por el tiempo, y dos, porque eso nos obliga a resumir, a decir únicamente lo relevante y no repetirnos. Es importante saber resumir y saber exactamente cuál es el punto principal que queremos señalar. Asimismo, la claridad tiene que ver con hacer un esfuerzo por hablar claro, con palabras y estructuras que nos ayuden a expresar lo que queremos decir y que los demás puedan entender. Es común enrocarse, dar vueltas, repetir lo mismo, no saber explicar lo que pensamos…, recordemos ese dolor del pensar. Así, cada vez que un participante hace una intervención, todo el grupo se asegura de haber entendido la idea. Si no, se pide una aclaración. Y hasta que todo el grupo no asiente a la comprensión de la idea, no se pasa a lo siguiente. Nótese que no es lo mismo comprender una idea que estar de acuerdo con ella, así que el guía velará porque esto no se confunda. Primero comprendemos y luego mostramos acuerdos o desacuerdos y continuamos añadiendo.

3. HACER PREGUNTAS. Los diálogos socráticos comienzan con una pregunta que enmarca el problema, tal y como vimos en el capítulo de los problemas. A partir de ahí, en muchos momentos, hacer preguntas ayudará a aclarar términos, a relacionar unos conceptos con otros, a afinar matices de un argumento. Muchas veces surgen preguntas enmascaradas en afirmaciones: debemos, por tanto, animar a limpiar la afirmación y hacer la pregunta sin rodeos.

4. RESPONDER A LO QUE SE PREGUNTA. Esta regla es una de las más importantes porque su cumplimiento imprime el orden necesario para la construcción. Cada pregunta lanzada durante el diálogo ha de abordarse y tratar de responderse antes de pasar a la siguiente. La pregunta que abre el diálogo, por ser la que enmarca el problema, necesitará probablemente de un despliegue de más preguntas en el proceso. En ese proceso, cada pregunta que surge se tratará de responder antes de abrir cualquier otro tema. Por ejemplo, recuerdo un diálogo donde la pregunta elegida fue: «¿Por qué se valora tanto ser creativo?». Tras algunas intervenciones, el grupo vio necesario preguntarse «¿qué es la creatividad?», con el objetivo de dar con una definición que pudieran manejar para responder a su pregunta primera. Así hasta que no dimos con una definición satisfactoria, aunque fuera provisional y revisable, no pasamos a la siguiente cuestión. Este orden es necesario para evitar el escaqueo cuando algo nos resulta difícil y para obligarnos a ir contestando, creando así unos buenos cimientos sobre los que sostener el resto de ideas. Así también evitamos que el diálogo se convierta en un *brainstorming* o un puré de ideas yuxtapuestas y sitúa en el camino adecuado para avanzar en la construcción de los universales.

Ahora que conoces las bases y las reglas del diálogo, trata de hacer una práctica con amigos, en familia, en clase o en el trabajo. Proponte crear este espacio para dialogar sobre cualquier tema que se os ocurra y comenzar a sentir sus beneficios. ¿Qué regla os cuesta más cumplir?

# CÓMO CREAR IDEAS COLECTIVAMENTE

Un día me llegaron unas manzanas de la cooperativa donde suelo comprar la fruta. Las manzanas tenían un aspecto dudoso y abrí una para descubrir que estaba podrida en su interior. Pensé que a lo mejor solo era esa y abrí otra, para descubrir lo mismo, que estaba podrida. Las manzanas que me habían llegado de un mismo productor estaban podridas. Reclamé por ello y me pidieron disculpas reintegrándome el importe. Sin embargo, la semana siguiente volvió a ocurrir, las manzanas de ese productor estaban podridas, aunque por fuera no lo parecía. Me metí en la web de la cooperativa y fui directa al apartado de ese productor. Observé un par de cosas: que ese productor ya no vendía solamente las piezas de fruta sino que vendía el zumo de manzana y que, además, vendía cajas grandes de varios kilos de manzanas especialmente para compota. Entonces fue cuando armé la siguiente teoría: comencé a pensar que este productor había tenido mucha cosecha a la que no daba salida y que tenía que almacenar. Debido precisamente a la cosecha tan grande y a su difícil almacenaje, varias piezas se acumulaban unas encima de otras y, aunque estaban a una temperatura baja para su conservación, muchas terminaban por corromperse interiormente. En algunas, como no se observaba el deterioro desde fuera, el productor las vendía; eso ocurrió con las mías. En otras, sí observaba el deterioro ligeramente, aprovechando las partes todavía comestibles para hacer zumo con ellas y embotellarlos. Finalmente las muy maduras pero no podridas iban destinadas a las cajas para compota. Después de elaborar la teoría, solo me quedaba comprobar si realmente era así. ¿No te has visto a ti mismo realizando conjeturas de este tipo a veces? ¿Elaboras teorías sobre las cosas? Seguro que sí, no hay proceso más humano. Así ha avanzado el conocimiento, la ciencia, y así hemos llegado a conclusiones, respuestas o soluciones ante problemas de toda índole. Este tipo de procesos que todos realizamos se conocen con el nombre de *razonamiento abductivo*. La abducción consiste en idear una hipótesis probable que explique el fenómeno nuevo y extraño que te encuentras y que no encaja en ningún patrón o teoría. El fenómeno nuevo para mí era el de las manzanas podridas, ¿por qué llegaban una y otra vez así? Tras asombrarnos y preguntarnos acerca de un suceso inesperado o un problema concreto, iniciamos un proceso de pensamiento que, en algún momento, nos lleva a plantear hipótesis. Lo hacemos consciente e inconscientemente acerca de muchas cosas: el comportamiento extraño de mi hijo esta semana, la falta de saludo de mi vecina de esta mañana, la falta de reposición de mi tableta de chocolate favorita en el supermercado... Y también, de forma más ordenada, cuando nos enfrentamos a problemas en nuestro equipo de trabajo, conflictos en nuestro barrio o a los retos más complejos del mundo en el que vivimos. Generar hipótesis sobre lo que no entendemos es una forma muy humana de usar nuestra creatividad.

Así hacemos también en el diálogo. El diálogo comienza con una pregunta. A partir de ahí tratamos de elaborar una hipótesis de respuesta. Estas hipótesis tendrán que sostenerse sobre buenas razones, deberemos dar buenos argumentos. Damos ejemplos, buscamos autoridades, causas y analogías. También, en un momento dado, pueden surgir contraejemplos, desemejanzas, autoridades en contra. En la comunidad de diálogo, esas hipótesis se someten a escrutinio, no para criticar al que las dice o mostrar que no tiene razón, sino para, con transparente y sincera humildad, enriquecer esas hipótesis con más matices y ejemplos u objetarlas contundentemente si es necesario. En algún punto podemos también usar un proceso de *falsación*, concepto que debemos al filósofo de la ciencia Karl Popper. La falsación consiste en señalar las condiciones (argumentos, ejemplos, etc.) en las que esa hipótesis no se cumpliría. Podríamos decir que tratamos de derribarla en teoría. Yo podría intentar establecer las condiciones en las que mi hipótesis acerca de las manzanas, su almacenaje y sus usos no se sostendría. Si las manzanas no estuvieran almacenadas todas juntas, unas encima de otras, entonces mi hipótesis no se cumpliría, porque no tendría explicación para su estado de putrefacción. Cuando comprobamos que una condición que puede derribar la hipótesis se cumple, entonces la hipótesis está en peligro. Por ejemplo, si finalmente descubro que el almacenaje de las manzanas no se produce como yo creo, tendré que dar por inválida mi hipótesis o modificarla significativamente.

Si una hipótesis, en cambio, soporta este proceso de falsación, esta sale más fuerte, porque probablemente en ese proceso habremos matizado su alcance y añadido detalles importantes. Las hipótesis que la comunidad de diálogo valora como sostenibles, que descansan en argumentos sólidos, que se encarnan en la práctica y sentimos como clarividentes son los universales. Decíamos que un universal se acerca más a la verdad. Esos universales pueden ser llevados a la realidad y a otras comunidades, podemos universalizar esa idea, tenemos solidez para pensar que es así para más gente. Por ejemplo, en muchos diálogos, es recurrente la conclusión de que mayor autoconocimiento del individuo revierte en una sociedad mejor. Eso ha sido argumentado de diferentes formas, testado en la práctica, sentido como clarividente en la comunidad. Podríamos decir que es un universal y extenderlo, generalizarlo para toda la humanidad, y así implementar acciones para promover el autoconocimiento en todo el mundo.

Pero también los universales están en continuo movimiento y, en el momento en que no se sostienen, dejan de serlo y vuelven a ser hipótesis que habrá que seguir matizando o rechazar para buscar nuevas. La comunidad de indagación asegura que las hipótesis que se mantienen, el tiempo que sea, se mantengan bien, sobre buenos argumentos, encarnadas en la práctica y sentidas como clarividentes. Eso hace que el diálogo sea un generador de alumbramientos poderoso que entrega al mundo universales con los que operar y tomar buenas decisiones. Todos estos procesos ocurren en calma y paz, con amor por el avance en la comunidad y sin crispación, gracias a las bases y las reglas.

Veamos un ejemplo retomando la pregunta: «¿Se pueden usar las redes sociales para cultivar relaciones de calidad?». En un diálogo podríamos construir la siguiente hipótesis: podemos usar las redes sociales como medio para cultivar relaciones de calidad, teniendo claro que es una herramienta más y no la principal, ya que las relaciones de calidad necesitan de otro tipo de comunicación, por ejemplo, la del contacto físico. Esta hipótesis tendrá que ser matizada durante el diálogo y puesta a prueba. Seguro que podríamos hacernos preguntas como: ¿es posible desplegar relaciones no solo verbales a través de redes sociales?, ¿cómo hacerlo?, ¿hay alguna forma de suplir el contacto físico en las relaciones virtuales?, etc. Dada nuestra hipótesis preliminar, podríamos intentar falsarla si conseguimos demostrar que sí se pueden paliar las carencias de contacto físico que se dan en las relaciones virtuales.

Trata de identificar cuándo haces hipótesis sobre alguna cosa. Sé ahora más consciente de cómo las haces, intenta sostenerlas sobre buena argumentación, somételas a la prueba de una buena conversación o trata de falsarlas.

En resumen, el diálogo facilita la creación de nuevas ideas, proponiéndonos la construcción de hipótesis y su cuestionamiento para determinar en qué condiciones se pueden cumplir. Este proceso que viene aquí a añadirse a las actividades del buen pensamiento es indispensable para construir universales, esas ideas bien sostenidas en argumentación, encarnadas en la práctica y sentidas como clarividentes por la comunidad. Los universales son más verdad, nos acercan a ella, aunque siempre son revisables. Creo que hemos ido mostrando cómo hay muchas capacidades mermadas por la excesiva atención que se ha prestado a la racionalidad instrumental. El trabajo de concretar un problema en una pregunta, de levantar lo que subyace a nuestro pensamiento (información muerta, sesgos, interpretaciones, ética, falacias argumentales...), de contrastar con lo concreto y ver si nuestras ideas se encarnan, así como el trabajo de proponer hipótesis, de creación de soluciones, remando juntos hacia la verdad y la virtud, es el trabajo del diálogo. Si hay un lugar donde se practica y despliega el pensamiento crítico es precisamente este.

## COMUNIDADES EN RUINAS

«Puede decirse que una sociedad tiene una estructura rica si se organiza a base de comunidades genuinas, es decir, de comunidades de habitación y trabajo y de sus comunidades subsecuentes. (...) Precisamente, por su esencia, la sociedad no consta de individuos aislados, sino de unidades societarias y sus agrupaciones», nos dice Buber en *Caminos de Utopía*. ¿Podemos decir que nuestra sociedad tiene una estructura rica? En un primer momento, podríamos hablar de las estructuras formales que existen para ayudarnos y organizarnos en grupos: partidos, agrupaciones de comerciantes, colegios profesionales, comunidades de vecinos. Pero si hablamos de nuestra capacidad para crear comunidades genuinas que refuercen la creación colectiva, ¿qué pensáis? ¿Son nuestras sociedades ricas en comunidades de creación colectiva? ¿Son nuestras sociedades ricas en comunidades de diálogo?

Vivimos aislados en nuestro mundo, nuestra casa y, a veces, en nuestra propia mente, según hemos explicado. El pensamiento crítico nos está invitando a examinar lo que hay en nosotros, en nuestra mente, en nuestra emoción, en nuestra intuición, pero nos empuja ahora a dar el gran salto a los otros. Nuestras comunidades y nuestra capacidad para crearlas, para dialogar, está en ruinas. Muchos echamos de menos esas comunidades estoicas donde dialogar sobre la virtud y entre todos construir ideas prácticas de cómo aplicar, por ejemplo, la justicia en nuestro hogar o cómo tener más coraje ante la adversidad. También nos gustaría poder reunirnos en jardines, campos y espacios naturales como los epicúreos en el *Jardín* y hablar sobre cómo encontrar la verdadera felicidad. Esas comunidades que aúnan sus fuerzas para resolver problemas prácticos, apoyarse en los retos de la vida y poder contar siempre con otra persona con la que dialogar es un lujo que hoy se hace cada vez más difícil. Las carencias de nuestras sociedades en este sentido se hacen más evidentes cuando dejamos la juventud y entramos en otras etapas, como la crianza o la vejez, donde la red social se desvanece en formalidades.

Estas comunidades en ruinas de la racionalidad instrumental y su individualismo contrasta con visiones de otras tradiciones de sabiduría. Recuerdo una alumna de Gana (África) que en su forma de hablar respecto a sus ideas y pensamientos hacía referencia al *nosotros*. Pude entender, tras preguntarle, que su tradición no contemplaba a cada ser como alguien separado y completamente independiente del resto, sino como una parte más de un todo que es la comunidad. Tal y como podríamos traducir el dicho Ubuntu de la tradición africana «soy porque somos». Para ella, sus ideas no eran suyas ni creadas solo por ella, sino más bien ella participaba de esas ideas a través de la comunidad. Ella era un todo con esa comunidad. Para nosotros es difícil asumir esta simbiosis con la comunidad y nos asusta, haciéndonos pensar en la anulación del pensamiento individual de los regímenes totalitarios. De hecho, durante todo este libro, hemos defendido la importancia de ser libres para pensar lo que decimos. Si embargo, las exigencias del pensamiento crítico no pueden hacernos más individualistas y egoístas, sino que, como hemos visto en diferentes apartados, nos deben hacer más conscientes de la necesidad de perseguir mayor bien para todos y pensar juntos el mundo para precisamente caminar hacia la verdad.

El pensamiento no puede ser libre y crítico sin diálogo. Y necesitamos dialogar, no solo con lo afín a nosotros, sino con lo diferente. Necesitamos incluir, por tanto, otros puntos de vista. Un punto de vista es la visión de la realidad que tiene una persona, con sus sesgos, interpretaciones, ética, etc. Pero también los puntos de vista representan las visiones de toda una cultura, una comunidad, un grupo de pertenencia, también de una ideología o conjunto de valores. Sabemos que pensar la realidad desde occidente, con nuestras democracias y sistemas capitalistas, donde la mayoría somos blancos, nos hace desplegar un punto de vista determinado. Ignoramos así visiones de otras personas, de otras comunidades, de otros grupos. Normalmente nos cuesta ver nuestro punto de vista, pues es precisamente el lugar desde el que se mira todo. Pero no podemos tomar decisiones desde nuestra cámara de eco.

El recorrido por las actividades del pensamiento nos ha hecho conscientes de que pensamos desde un lugar, desde un punto de vista. Ahora, en la conversación, nos encontramos con el otro, que puede ser una persona con un punto de vista muy diferente. Nuestras comunidades son más variadas que antes, el mundo cada vez está más mezclado y nuestras conversaciones son más ricas y también más difíciles de llevar a cabo. Sin la conversación que nos enfrenta al punto de vista del otro, no saldríamos nunca del sesgo de confirmación ni cuestionaríamos nuestros sesgos culturales. Sin esa dialéctica con lo diferente, no podemos buscar la verdad.

La comunidad es rica porque incorpora diferentes visiones a la vez que va en busca de los universales, del bien común. Pero ¿cómo entendernos con las personas diferentes y llegar a acuerdos? El diálogo es la herramienta. El diálogo nos compromete con el pensamiento, con la búsqueda de la verdad y con la virtud. Sobre sus bases y sus reglas, encontramos los universales que nos sirven a todos los miembros de la comunidad.

## LLEGANDO A LA VERDAD

La verdad no es relativa ni es absoluta. Nos acercamos a la verdad desde las diferentes visiones que participan en un diálogo comprometiéndonos con las condiciones del diálogo, con el pensamiento crítico y la virtud. En la comunidad de diálogo, comprometidos, nos enfrentamos a problemas que mediante la indagación, la propuesta y el cuestionamiento de hipótesis, vamos respondiendo. Con parada, paciencia y tino, vamos llegando a universales, aquello a lo que todos asentimos, que descansa sobre buenos argumentos, que se encarna en la práctica, que se siente clarividente. Todo ello es importante para salir de la razón instrumental. Los sentires y los puntos de vista son escuchados y acogidos en el diálogo, nos revelan cosas valiosas que a veces nos cuesta explicar con razones, aunque nos debemos esforzar por encontrarlas. Algunos de esos puntos de vista serán intuiciones y sesgos que se salen de lo establecido y que habrá que incorporar a la mesa de diálogo. Una vez compartidos en el diálogo, son explorados por la comunidad y a ellos se añadirán argumentos que los sostengan, consideraciones de cómo se pueden poner en práctica; trataremos de captar lo que es valioso para todos. Y así llegamos a los universales que nos acercan a la verdad, que son más verdad. Y cuando llegamos a ellos, los mantenemos, quizá por un día o por un año. Y entonces se pueden extender a más personas, a otras comunidades, siempre siendo provisionales y revisables. Así vamos llegando a la verdad. No es que haya tantas verdades como puntos de vista ni que la verdad sea algo absoluto e inamovible. Hay, sin embargo, cosas que son más verdad que otras, que son *universalizables*, a las que todos llegamos a través de la indagación en un diálogo comprometido y cuidadoso. Que la vida humana debe respetarse, que el planeta ha de cuidarse o que hablar con palabras amables a los demás es mejor, son universales. Son hipótesis que se han testado en numerosos lugares, que descansan sobre buenos argumentos, que se muestran eficaces en la práctica, que se sienten clarividentes. Son universales y son más verdad. Pero no son absolutos, se pueden revisar y cuestionar.

Las empresas se rompen la cabeza tratando de imponer desde arriba los valores a los empleados, los equipos entran en barrena cuando se enfrentan a un problema porque no dialogan sobre su definición, los vecindarios se encallan en el punto de vista de la ideología que sus miembros defienden, los habitantes de una ciudad votan para defender su bien individual a costa del ajeno o del bien del planeta, el mundo no se entiende porque cree que su pensamiento, su cultura y su lenguaje es diferente. Nuestro reto en la actualidad es favorecer espacios para las comunidades de diálogo, para que proliferen en barrios, ciudades, países, empresas, organizaciones. Para que se dialogue de los grandes temas de la vida, de los valores que queremos cultivar, de las importantes decisiones que los gobernantes tienen que tomar cada día. Y para que todos dialoguemos. Las comunidades han de ser variadas y diversas, representando la realidad de nuestro mundo, incluyendo no solo lo imperante, no solo lo de moda, ni solo el punto de vista del más fuerte ni el más aceptado. Solo así, la diversidad nos podrá abrir la puerta a lo universal. El verdadero diálogo evitará esas soluciones parche que se saldan con consultas a los agentes afectados cuando una carretera pasa por un pueblo o a los ciudadanos sobre decisiones que afectan a su jubilación. La mesa de diálogo está abierta para todos, de forma horizontal y sobre todo tipo de temas. Sobra decir que el diálogo no anula al experto, pues este participará con sus sólidas argumentaciones y, además, se verá interpelado a cumplir la exigencia de hacerse comprensible para el resto. Una vez dejemos de bloquear conversaciones, de evitar hablar de ciertos temas con ciertas personas y de excluir a ciertas personas en ciertas conversaciones, seremos más libres. La energía creativa del ser humano se despertará y el poder para acercarnos a los universales aumentará. El diálogo abraza la complejidad del ser humano. No lo reduce a la técnica ni a las pasiones crispadas, sino que, tratando de orquestar su completa racionalidad con orden y armonía, produce profundos resultados de comprensión, avance en el saber y cercanía a la verdad, además de satisfacción y felicidad. Habrá muchas comunidades y de toda índole, más formales e informales, donde podremos practicar el diálogo con pensamiento crítico. El diálogo en comunidades será el mecanismo esencial de toma de decisiones. Si esto te suena a utopía, estás preparado para comenzar el siguiente capítulo.

## LA PREGUNTA

En este capítulo hemos sido conscientes de nuestras carencias dialógicas, hemos establecido las condiciones en que una verdadera conversación se produce y cómo favorecerla a través de métodos como el diálogo socrático. Hemos defendido el poder creativo de la comunidad de diálogo para construir universales que mejoren el mundo. Para seguir completando las preguntas aplicables a cualquier problema, aquí tienes la de este capítulo:

¿Qué hipótesis puedes proponer para responder o solucionar tu problema?

Busca tener una buena conversación para contrastar tu hipótesis. Vela por el cumplimiento de las condiciones del diálogo.

# CAPÍTULO 8
## *El mundo que quiero crear*

Todos soñamos con el mundo ideal. Soñamos con un mundo diferente donde la paz, la igualdad y la riqueza se reparta, o donde haya tanta abundancia que a ninguno nos falte de nada, que no haya enfermedades y todos podamos ser felices. Pocas veces pensamos que nuestro mundo lo creamos nosotros. Pareciera a veces que el mundo es algo fuera o lejos de nosotros, que solo unos pocos tienen poder o derecho a transformar. La historia de la humanidad, los conflictos, las guerras, las enfermedades, etc., nos hacen sentir que somos muy pequeños para lograr cambios. Nuestros sueños se rompen y terminamos echando balones fuera, culpando a los gobernantes, a los enriquecidos, a los poderosos y al propio sistema. Pero si hemos seguido el razonamiento hasta aquí, podemos concluir que nuestro pensamiento influye más en el mundo de lo que creemos, y no de un modo mágico e incomprensible, sino de forma muy tangible. Nuestra forma de pensar, nuestras soluciones y decisiones tienen efectos sobre el mundo y los demás. Mejor pensamiento y mejores acciones y decisiones crean mundos mejores. Cuando comenzaba a estudiar filosofía, llegó a mí la potente frase de Marx: «Los filósofos no han hecho más que *interpretar* de diversos modos el mundo, pero de lo que se trata es de *transformarlo*». Aquella frase me resonó muy dentro y supuso un reflejo de mi sentir: que la filosofía ha de estar viva y transformarse en acciones a favor del bien en el mundo real. Con el tiempo cobró aun un sentido más profundo si cabe; efectivamente, el pensamiento crea mundos. Un pensamiento más consciente, crítico, creativo, ético y humano crea mundos así también. Porque no podemos pensar que nuestro pensamiento y nuestras acciones no importan. Si no, ¿por qué haríamos cosas buenas por los que queremos? ¿Por qué intentaríamos crecer como personas? ¿Por qué querríamos construir mejores organizaciones y empresas? ¿Por qué nos esforzaríamos por trabajar bien? ¿Por qué nos preocuparíamos por un planeta sano y limpio? ¿Por qué educaríamos a nuestros hijos y jóvenes como mejor sabemos? Podría ser todo por puro egoísmo, pero hasta el más egoísta encuentra beneficios en trabajar por un mundo mejor. Y la mayoría confiamos en que hay un rayo de esperanza para la humanidad en estos tiempos.

Cuando pensamos críticamente, prestando atención a cada una de las actividades del pensar (definiendo problemas, formulando preguntas, explorando nuestra ética, cuestionando nuestros sesgos e intuiciones, comprobando nuestros argumentos, usando conceptos precisos y lenguaje amable, generando soluciones que nos acerquen a los universales, etc.), estamos provocando movimientos en el mundo. Todo nuestro pensar y sus actividades genera consecuencias, implicaciones, escenarios. En definitiva, crea mundos. Las consecuencias de nuestro pensar se observan en las personas y nuestro entorno cercano, pero también avanzan como olas expansivas provocando movimientos más lejos, hasta influir en todo el planeta. Hemos de imaginar los escenarios que nuestro pensamiento creará, recorrer en nuestra mente las consecuencias para los que están más cerca y para los que están más lejos, y soñar con las implicaciones a corto y largo plazo. El mundo se crea con las ideas, y las ideas afectan al mundo y a las comunidades a las que pertenecemos. Ya entendimos que ese mundo que nos rodea afecta a nuestro pensamiento cuando hablamos de la posverdad y de la sociedad de la solución; ahora veremos cómo nuestro pensamiento afecta y crea el mundo que nos rodea. Porque, de nuevo, no somos seres aislados, somos seres que son con los demás y seres que son con el entorno. Así, en este capítulo recorreremos las implicaciones de nuestro pensamiento, empleando herramientas de pensamiento utópico y distópico, e invitaremos a pensar la utopía como forma de crear un mundo más consciente, ético y humano.

## PERDEREMOS ALGO

Estamos, por primera vez en la historia, en un momento donde quienes habitamos el mundo vemos que el futuro nos hará perder algo. La primera reacción ante esa pérdida nos podría hacer pensar en renuncias que permitan que más gente y el propio planeta puedan existir con dignidad y mayor igualdad. Pero también, en un segundo momento, nos acecha ese otro algo, un no sé qué que se nos representa en forma de abismo desconocido, una manta oscura que hemos empezado a notar recientemente. Por primera vez en la historia sabemos que el progreso, tal y como lo entendíamos hasta ahora, no nos va a salvar. Bauman nos decía en *Retrotopía* que «el futuro se ha transformado y ha dejado de ser el hábitat natural de las esperanzas y de las más legítimas expectativas para convertirse en un escenario de pesadillas (…). El camino hacia el futuro guarda así para nosotros un asombroso parecido con una senda de corrupción y degeneración». Algunas de esas pesadillas podrían ser las crisis económicas sucesivas, las pandemias y enfermedades desconocidas, un sistema insostenible, la pérdida de libertad, mayores desigualdades, pérdidas de derechos, vuelta a sistemas políticos extremistas, renuncias personales, pérdida del ocio o de espacios no productivos, pérdida de privacidad, etc. Rutger Bregman en *Utopía para Realistas* nos da la bofetada: «De hecho, en los países ricos, la mayor parte de la población cree que sus hijos estarán peor que ellos». Y lo apoya en datos de un estudio del Pew Research Center: «Casi dos tercios de los encuestados en las economías desarrolladas piensa que los hijos estarán peor cuando crezcan que sus padres». En el caso de los franceses, quienes opinan así llega hasta un 90%. Es, sin duda, un momento inesperado y particular donde el progreso ha dejado de ser el horizonte de futuro o ha pasado a redefinirse en unos términos muy diferentes a aquellos con los que nos educamos. Mi hermano (nacido como yo en los 80) pintaba naves espaciales y tecnología de fantasía con la que soñaba que nuestro mundo mejoraría; la tele y la publicidad nos vendieron eso y hoy pisamos, cabizbajos y grises, las calles de las ciudades asfaltadas, olvidando que debajo del asfalto, a varios metros, todavía late la tierra. Los acontecimientos recientes, la actual pandemia, los conflictos bélicos y las crisis migratorias han forzado la mirada directa y sin filtros a esta realidad que hoy nos parece escenario de novelas distópicas. Y no podemos sino reconocer que ya estamos perdiendo ese algo (cada día hay más precariedad, peores condiciones laborales, menos capacidad de consumo o más consumo atroz, menos seguridad, menos garantías, menos libertad, menos verdad, etc.) y probablemente necesitamos perder más aún (fruto del cuestionamiento inevitable de ese mismo trabajo, consumo, forma de vida, verdad, estado de bienestar, etc.). Se trataría de un perder para poder ganar. Ganancia en humanidad. Pero el cambio de mentalidad, necesariamente, nos costará mucho. Menos pero mejor, como dice el filósofo francés Edgar Morin en *Cambiemos la vía* a propósito de esta situación mundial: «Las intoxicaciones de civilización, entre ellas, la intoxicación consumista y la adicción al coche, contribuyen en gran medida a la degradación ecológica y, correlativamente, a la degradación de las condiciones de vida. Una política de civilización comportaría una acción perseverante contra las "intoxicaciones" de la civilización; incitaría, en contra del despilfarro, al reciclaje y la reparación, rechazaría lo desechable. El abandono del consumismo no significa austeridad, sino templanza, y la templanza se acomoda con los excesos de las fiestas, los festines y los aniversarios, que interpolan con intensa poesía la prosa de la vida cotidiana. Se trata de sustituir la hegemonía de la cantidad por la hegemonía de la calidad; la obsesión de más por la obsesión de mejor».

 ¿Qué estás dispuesto a perder para contribuir a crear un mundo mejor? Sé sincero.

Ante esta realidad inesperada y desesperada, nuestro pensamiento se ha mostrado poderoso, una habilidad que nos ayuda a construir un mundo más digno. Si recordamos, los primeros capítulos nos hicieron aceptar que definimos los problemas de una determinada manera particular, desde nosotros, haciendo justicia a la idea de «tu problema» y enmarcados dentro de nuestra ética. No hay una única forma de definir un problema, pero una forma que preste atención a esa suspensión del juicio, que haga esa parada y sea consciente de todas las actividades del pensamiento, nos comprometerá con la verdad y la virtud. Además, nos lanzará sin excusa al diálogo en busca de unos universales válidos para muchos y bien sostenidos y encarnados. Nos dimos cuenta en esos capítulos de cómo nuestra renuncia a habitar el problema, nuestra ética en automático y nuestra prisa por saltar a una solución nos estaban haciendo caer en grandes errores. E incluso mermaban nuestra capacidad creativa, de construir soluciones con los demás. Estas soluciones han de caer sobre el mundo, directamente van a intervenir en él, se implementarán modificando la realidad continuamente. El mundo y sus objetos, sus relaciones, su cultura e ideas se ve afectado, y nosotros por ellos. Nuestras soluciones configuran el mundo material y cultural en el que vivimos y sobre el que seguimos así pensando y actuando y, por tanto, creando todo el tiempo de forma inexorable. Por tanto, de aquí podemos extraer dos interesantes conclusiones. Por un lado, si las éticas determinan la manera en que definimos nuestros problemas, no debemos menospreciar el poder de influencia de las éticas y los valores imperantes. Permean todo y nos encasillan a perpetuar el mundo tal y como es. Pero, por otro lado, todo este proceso nos permite ver que nuestra forma de pensar siempre es susceptible de cambio, crítica y mejora, abriendo la puerta al cambio de mentalidad, a un camino de buen pensar que transforme, paso a paso y acción a acción, el mundo. La búsqueda de soluciones a los retos complejos, entendidas como parte del proceso y no como el objetivo primordial, dentro de un mundo que realmente buscara la verdad, nos llevaría probablemente a más procesos de indagación colaborativa, a la creación de comunidades de diálogo, a que la buena argumentación y la clarividencia fueran habituales. Todo ello se reflejaría en acciones que formarían mundos también así más colectivos, colaborativos y ricos en humanidad. La exploración de la ética nos colocaría delante del espejo de nuestros valores, favoreciendo un mayor compromiso con la virtud. La indagación colectiva en la comunidad de diálogo nos revela que los universales, la virtud y la verdad son más compartidos de lo que realmente creemos. Muchas veces tan solo es el ego el que se empeña en un *cómo* diferente.

Pero ¿por dónde empiezo? ¿Cómo empezar a ser más consciente de cómo mis pensamientos se reflejan en mis acciones? Hablemos de un pequeño ejercicio que nos descubre la íntima relación entre pensar y hacer.

## LAS TRES FILOSOFÍAS

Para reforzar esta idea de que el pensamiento crea mundos, os hablaré de una pequeña herramienta que contribuye a la toma de conciencia de que lo que pensamos se traduce en formas de vida y acciones. Esta herramienta es una versión de lo que propone la filósofa Mónica Cavallé. Este ejercicio consiste en distinguir entre la *filosofía ideal*, la *filosofía real* y la *filosofía operativa*. Las diferentes filosofías se despliegan sobre asuntos particulares. Definamos primero cada una de ellas para, a continuación, poner un ejemplo. La filosofía ideal tiene que ver con el «debería», con lo que me gustaría ser, pensar o hacer, con mi mejor versión, con mi *Yo* ideal. La filosofía real tiene que ver con lo que pienso de verdad, lo que pienso ahora, lo que me atrevo a confesarme a mí mismo y que a veces no me atrevo a compartir con los demás, lo que realmente subyace a lo que digo. La filosofía operativa es, finalmente, lo que hago, la acción que despliego sobre el mundo. Pongamos un ejemplo sencillo: yo puedo querer ser generoso con todo el mundo. Sin embargo, si lo pienso un poco, en realidad, soy más desconfiado, aunque me cuesta reconocerlo y aceptarlo. Hasta que no conozco a alguien o sus intenciones, no me abro y no me entrego. No creo que todo el mundo se merezca lo mismo. Resulta que un día me encuentro a una persona en la calle con el cartel «quiero dinero para porros», me hace gracia y termino dándole dinero. Me siento mal casi al instante, justo tras la sonrisa con la que respondió la chica a mi acción de dejarle el dinero en su lata. ¿Por qué le he dado dinero a esta persona y no a otra? ¿Se merecía el dinero? ¿No debería dar el dinero igualmente por generosidad, sin pensar en si lo merece o si dice la verdad? Traduzcamos el ejemplo a nuestras filosofías. Filosofía ideal: debería ser generoso con todo el mundo. Filosofía real: no todo el mundo se merece lo mismo, no debo fiarme de la primera impresión o dejarme seducir por ganchos fáciles. Filosofía operativa: doy dinero al mensaje «dinero para porros». ¿Qué sucede aquí? Una incoherencia entre la diferentes filosofías. Las incoherencias de este tipo son fuente de malestar cotidiano y son muy frecuentes en todos nosotros. Desgranemos esta incoherencia. La primera incoherencia es la que sucede entre la filosofía real y la operativa. La filosofía real surge de aquello que subyace a discursos ideales de buenas intenciones, donde reconozco las creencias que tengo más arraigadas. Ahí se ha revelado mi desconfianza y mi creencia en que se debe dar a quien se lo merece. Sin embargo, cuando me he visto ante una situación concreta, he actuado dejándome llevar por un criterio que no se corresponde con esa filosofía real. Quizá podríamos decir que mi acción ha estado más alineada con mi filosofía ideal, porque me veo a mí mismo siendo generoso con todo el mundo. La filosofía ideal, al contrario que el compromiso con la virtud, está relacionada con la idea de exigencia externa, de presión social por lo que debes ser, y sigue una concepción que solo mira el final, cuando todo sea perfecto porque ya has llegado a ser esa persona que querías. La filosofía real refleja creencias enquistadas y que han sido poco exploradas. En ese punto sería importante examinar nuestra filosofía ideal, deshaciéndonos de *deberías* que no se corresponden conmigo. Por otro lado, un proceso de pensamiento crítico donde caminaras por cada una de las actividades del pensamiento podría esclarecer mejor tus creencias de la filosofía real y cuestionarlas. Finalmente, eso nos haría comprender mejor por qué hemos actuado así y entender el reflejo de mis ideas en mis acciones. En el ejemplo, puede que dieras rienda suelta a ese impulso de dar por tu filosofía ideal, pero, al ser esta reflejo de *deberías externos* y al no haber explorado bien tu filosofía real, la incoherencia pronto te produjo malestar. Si cuestionamos y nos exploramos críticamente, tendremos más claras nuestras actuaciones. Este pequeño ejercicio nos muestra dos cosas. La primera, que el autoconocimiento y la exploración de nuestro pensamiento nos ayuda a alinear más nuestras filosofías. Y la segunda, que los efectos de nuestro pensamiento en la realidad son claros, aunque a veces no sepamos cuál es la relación, en un momento determinado, de mi acción con mis ideas. Es decir, actuamos por ideas, que a veces desconocemos, y por lo que subyace a ellas. Así, un proceso de pensamiento crítico nos iluminará sobre esas ideas, invitándonos a ser más conscientes de nuestra forma de pensar que, de una manera u otra, tendrá efectos sobre el mundo.

 Trata de pensar en alguna acción que has realizado que te ha causado malestar. Explora la filosofía ideal, la filosofía real y la filosofía operativa. ¿Qué descubres?

En resumen, cuando damos pausa y tiempo al proceso de pensamiento y a sus actividades, caemos en la cuenta de que si nuestros pensamientos están creando el mundo que habitamos, hemos de dedicar atención a esos pensamientos y a su calidad. Y para ello hemos también de —y ese es precisamente el objeto de este capítulo— vislumbrar lo que ese pensamiento implica, comporta, lo que se deduce de él en el mundo material y cultural. A lo que implica mi pensamiento en el mundo lo llamaremos *consecuencias* y desplegaremos aquí algunas herramientas útiles para esta última actividad del pensamiento.

# PENSAMIENTO UTÓPICO Y DISTÓPICO

Las ideas que tenemos, las soluciones que generamos o las decisiones que tomamos tienen consecuencias inmediatas y cercanas para nosotros mismos, las personas que nos rodean, y los objetos y los territorios (físicos y metafóricos) por donde transitan. Sin embargo, solemos pasar por alto o no detenernos en imaginar las consecuencias más lejanas, para otras personas, comunidades o agentes en lugares más lejanos, incluso remotos, en ecosistemas más amplios, para incluso el conjunto de nuestro planeta. Está claro que cada acción puede tener consecuencias ilimitadas, impredecibles y dependientes, a su vez, de un complicado proceso de imbricación de diferentes acciones y pensamientos de otros muchos agentes, personas e instituciones. No obstante, entender que el proceso de pensamiento y las soluciones que salen de este tienen consecuencias sobre el mundo nos ayuda a desarrollar una mayor conciencia sobre nuestro pensamiento y a contribuir a un mejor diseño de soluciones. De nuevo, solemos caer en el cortoplacismo ávido de soluciones aquí, ahora y ya. En una sesión con altos directivos de empresas, una de ellas me comentó, sin saber que esta herramienta formaba parte del pensamiento crítico, que una vez le hablaron de pensar en las consecuencias de la solución que planteaba, pero no dentro de un mes o un año, sino de aventurar cómo sería su solución y el mundo que habría creado dentro de 20 años. Ella compartió en la sesión que, desde entonces, siempre empleaba ese pequeño truquito y que le ayudaba mucho en los procesos de innovación y en la toma de decisiones del día a día. Yo no pude estar más de acuerdo con ella, comentándole precisamente que, en pensamiento crítico, ese aspecto prospectivo estaba en forma de pensamiento utópico y distópico.

El pensamiento utópico y distópico es una herramienta potente para imaginar, visionar y hacer prospectiva. Se nutre además de la literatura, el cine y la simbología que enriquecen a su vez esa nueva racionalidad no tan reduccionista. Pero ¿en qué consisten? ¿Basta con imaginarse sociedades utópicas y distópicas dejándonos llevar por la fantasía, el romanticismo o el catastrofismo?

Definamos primero la *utopía*. Me gusta entender la utopía como una aspiración plausible pero difícil de alcanzar, no como una elucubración disparatada que meramente nos entretiene. Aunque esto último pueda darnos placer, en especial en la literatura, el cine y en géneros como la ciencia ficción, la utopía es mucho más que eso. Históricamente, la utopía siempre ha estado relacionada con configuraciones y escenarios que reforzaran el vínculo colectivo, aumentando la igualdad y la cooperación entre los seres humanos. Se dibuja como un horizonte de esperanza, entre lo posible y lo imposible, recordando las palabras del profesor británico Gregory Claeys en su maravilloso libro ilustrado *Utopía, historia de una idea*. Probablemente no es equidistante de ambos, entre lo posible y lo imposible, sino que se escora ligeramente hacia lo imposible. Es, por ello, algo que se nos resiste, que tiene su enjundia, pero que también por eso mismo orienta y guía. Como una estrella de oriente que nos guía hacia un lugar soñado, sabiendo que podemos acercarnos y mucho, y casi rozarla, para después mirar atrás al cabo de un tiempo y reconfortarnos en el avance. Hablaba el otro día con una librera de una de mis librerías favoritas de Madrid y me decía que nosotros seremos la generación que se coma todo el cambio, esta transición entre la caída de este sistema tal y como lo conocemos y las alternativas que se irán planteando en el camino. Quizá nosotros, activos en ese cambio, no seamos precisamente quienes primero veamos los resultados, pero seremos la generación que lo hará posible. Ahora vemos algunas cosas y nos reconforta pensar en que no son como lo eran hace años (pensemos en la mayor visibilización de la desigualdad entre mujeres y hombres, en la conciencia sobre el consumo masivo, en el cuidado por el medio ambiente). En esa misma línea, podemos entender la utopía como la crítica al «realismo de la aceptación del hecho consumado y de la adhesión a la superficie del presente», como lo define Morin en *El Atlas de las utopías*. Él nos dice que lo probable en 1941 era que la Alemania de Hitler obtuviera la victoria. Pero afortunadamente no fue así: sucedió lo más improbable. Así, si esa es la utopía, llamaremos *pensamiento utópico* a la reflexión concentrada en dibujar lo que todavía no existe y es deseable y alcanzable como sociedad, aunque sea difícil de lograr. Se convierte así en una potente herramienta para desplegar toda nuestra imaginación, fantasía, intuición, espiritualidad y prospectiva, para ir más allá de lo asible y lo real en el presente, volando un poco nuestros límites. Sin embargo, en los últimos tiempos, se ha tachado de utópico a aquel iluso con ideas irrealizables de mundos perfectos. Ya es hora de volver a reivindicar la utopía, de quitar el estigma al esperanzador relato de que podemos cambiar la sociedad. El nihilismo posmoderno nos hizo escépticos, pero reconozcamos que todo ser humano quiere vivir mejor y, en honor a nuestra historia y en agradecimiento a esta tierra que nos aguanta, retomar los relatos utópicos de colectividad e igualdad se vuelve, en nuestro presente, una obligación moral. Y es que en palabras de Martin Buber cuando habla del deseo utópico en *Caminos de Utopía* «lo que en él impera es el afán por lo *justo*, que se experimenta en visión religiosa o filosófica, a modo de revelación o idea, y que por su esencia no puede realizarse en el individuo, sino solo en la comunidad humana. La visión de lo que debe ser, por independiente que a veces aparezca de la voluntad personal, no puede separarse empero de una actitud crítica ante el modo de ser actual del mundo humano. El sufrimiento que nos causa un orden absurdo prepara el alma para la visión, y lo que en esta ve robustece y ahonda la comprensión que tiene de lo equivocado». En efecto, el pensamiento utópico nos allana el terreno para una crítica de nuestro presente y del *statu quo*, sin asumir un final predeterminado, sino, de nuevo, sumergiéndonos en un transitar y habitar el problema, en un movimiento creativo que puede provocar visiones deseables y soluciones alcanzables. Además, por último, el pensamiento utópico nos activa para el compromiso y el cambio social; así están concluyendo un grupo de investigadores de la Universidad de Melbourne. Estos estudios indican que el pensamiento utópico contribuye a que realmente luchemos por un mundo mejor y pone como ejemplo la sostenibilidad. Aquellas personas que creen que podemos ser más sostenibles y podemos alcanzar la utopía verde están más dispuestas a embarcarse en acciones para contribuir a ella. Así, el pensamiento utópico supone una gran motivación para la acción. En cualquier caso, también existen relatos utópicos en nuestro imaginario que no contribuyen a reforzar la unión entre pensamiento utópico y acción colectiva. En un momento los radiografiaremos. En resumen, lejos de caricaturizaciones de personas con visiones de comunidades llenas de margaritas al estilo *New Age*, las personas que emplean el pensamiento utópico, en primer lugar, piensan críticamente el presente identificando lo que no funciona o es mejorable. En un segundo momento, están más orientadas hacia la búsqueda de alternativas de acción, en vez de regodearse en lo que ya existe y permanecer en la inacción. Y uniendo esto con la definición de Gregory Clays, las alternativas buscadas gracias al pensamiento utópico reforzarían los vínculos colectivos y la igualdad entre los seres humanos. Al fin y al cabo, como dice Edgar Morin en *Cambiemos la vía*, necesitamos de un humanismo planetario que nos haga entender lo insignificantes que somos dentro y para el universo, y lo cerca que debemos sentirnos y estar los unos de los otros para ayudarnos a vivir mejor. No encuentro una mejor definición de utopía que este humanismo planetario del que habla Morin y la necesidad acuciante que tenemos de él.

Definamos ahora la *distopía*. La distopía representaría el escenario que no queremos, aquel en el que se cumplen todas nuestras pesadillas. Son pesadillas de nuevo plausibles, más cerca de lo imposible pero con visos de realidad. El pensamiento distópico entonces cumple esa función de darnos permiso para ponernos en los peor, en lo malo, como ya hacían los estoicos en su famoso ejercicio *praemeditatio malorum*. Este ejercicio atribuido a Séneca y propuesto de diferentes formas por los estoicos consiste en prepararte e imaginar lo peor de una situación con el objetivo de apaciguar el pensamiento viviendo de forma adelantada pero imaginada y, por tanto, controlada, la escena. Esto permite a la mente y al cuerpo explorar sensaciones que pueden suceder en ese escenario y así entrenarse para estar más preparados. El pensamiento distópico, además, nos previene de entrar de lleno en la utopía de la perfección y en la sociedad de la positividad, y nos sumerge en la complejidad y la complementariedad, aceptando que todo *yin* tiene su *yang*, que el mundo incluye el dolor y el sufrimiento, el bien y el mal y que, en última instancia, hay consecuencias que exceden nuestro control. De hecho, Morin, en ese mismo artículo que citábamos antes, habla de mala utopía cuando se refiere a aquella «que buscaría crear una armonía perfecta, que pretendería acabar con el dolor y el conflicto, y que haría que cada individuo fuera más transparente». Nos recuerda bastante a la idea de transparencia que comentábamos en el capítulo de la posverdad de Byung Chul Han, donde más transparencia no nos traía necesariamente más clarividencia. Así, una sociedad perfecta, sin conflicto, sin la complejidad real y la complementariedad de lo diferente está más cerca de una distopía que de la utopía verdadera. El pensamiento distópico viene a recoger nuestros miedos, a obligarnos a abrazar nuestra naturaleza no perfecta, nuestra irracionalidad y también a alertarnos de cómo podemos caer una y otra vez en las más atroces circunstancias. Y al hacer esto, como pensamiento, nos avisa y nos ayuda a prevenir y valorar críticamente cómo una bella idea puede tener también consecuencias no deseadas. Nos hace salir de la simplificación y de la falta de conciencia. No solo no es posible eliminar el conflicto o el dolor, sino que, solo partiendo de esa realidad humana, podemos pensar la utopía. La utopía y la distopía se necesitan y se complementan, siendo fiel reflejo de la complejidad del propio mundo.

Hoy día encontramos relatos utópicos que llenan nuestras cabezas de castillos en el aire. Son relatos que a veces no sabemos cómo clasificar, donde la utopía y la distopía se tocan. Comprobemos si estos relatos de nuestro imaginario actual nos sirven para un buen pensamiento utópico y distópico. En esta línea que hemos imaginado antes cuyos extremos son lo posible y lo imposible, la utopía y la distopía se sitúan en el centro, ligeramente escoradas hacia lo imposible. Arriba está la utopía y abajo la distopía. Sin embargo, en la línea vertical que une la utopía y la distopía, bien podemos identificar grados o fusiones. Algunas utopías para algunas cosas pueden ser distopías para otras, fiel reflejo de la dificultad de reconciliar ciertos ideales.

En los sistemas cooperativistas y colectivistas, la utopía del compartir y redistribuir cohabitaba con la distopía de la escasez cuando todo es compartido y de la excesiva transparencia y control. El mundo ahora teme al comunismo porque su realización política desembocó históricamente en dictaduras de quienes aglutinaban lo común, decidían racionarlo para repartirlo según su propio criterio y cometieron las más grandes atrocidades para mantener ese control. La utopía del ser humano racional, capaz de desvelar los misterios de la naturaleza y penetrarla, comenzó en la Modernidad con el método científico. El *Frankestein* de Mary Shelley reflejó en su momento los monstruos que podía crear el progreso y la peor pesadilla se hizo realidad cuando la investigación científico-tecnológica dio con la bomba que desintegró y mutiló a miles de personas. En el presente, los escenarios utópicos y distópicos de nuestro imaginario cultural nos proponen una vida nómada en caravana, consumiendo poco y local, sin propiedades ni trabajos esclavos, teletrabajando en nuestros propios proyectos artísticos. De otro lado, la ciencia y la tecnología en su máxima expresión nos engatusa con el gran acuerdo final sobre el destino mortal y limitado de nuestra especie: el transhumanismo. ¿Cómo entender estos relatos? ¿Pesadillas o fantasías deliciosas de aumento de libertades y capacidades? ¿Utopías o distopías? Ambas opciones están sobre la mesa para quienes quieran creer en ellas. Estos relatos mediáticos plagan las redes: tanto en Youtube como en Instagram vemos cómo diversos *influencers* nos cuentan sus vidas de ensueño que participan de alguna de estas visiones. También la prensa y los medios más convencionales hablan continuamente de una vida nómada o de las promesas o incertidumbre que trae el transhumanismo. Si los consideramos utopías deberemos preguntarnos: ¿está el modelo de la vida nómada proponiendo una forma de vida que refuerza los vínculos colectivos o la igualdad? ¿O viene a ser una versión individualista y privilegiada del occidental que trata de aprovecharse de lugares o países todavía no esquilmados? ¿Es el transhumanismo una forma de ir hacia una sociedad más igualitaria o una satisfacción de nuestro ego como especie? Desde luego, desde el plano de una utopía que refuerza los vínculos colectivos, ambos relatos pecan de individualismo, de egoísmo y de acentuar, no de aminorar, las desigualdades existentes. No se podrían considerar genuinas utopías. Por otro lado, un ejercicio de pensamiento distópico nos podría hacer salir de la simplificación efectista y explorar las consecuencias de estos relatos.

La utopía genuina tiene más que ver más con la pérdida de privilegios de riqueza de las oligarquías, con la reducción de un consumo que no nos da ninguna felicidad y nos convierte en adictos depredadores de la naturaleza, con una vida centrada en lo humano y el cuidado, con un respeto a un planeta que nos acoge, etc. Un consumo más parecido para todos, una riqueza más parecida para todos, un esfuerzo por el bien común, una reducción de desigualdades. Sin embargo, no trata este libro de pensar en detalle los caminos hacia la utopía, sino de ofrecerte la posibilidad de que entre todos la pensemos y la construyamos, valiéndonos de esta nueva actividad del pensamiento, la del pensamiento utópico y distópico. Porque, al fin y al cabo, debemos reconocer la paradoja que nos presenta Claeys en *Dystopia*: «La historia revela, por encima de todo, la paradoja de la impotencia de una humanidad aparentemente omnipotente. Ahora tenemos los poderes que una vez fueron ostentados solo por los dioses. Y todavía, aparentemente en control de nuestro destino y supuestamente encantados con nuestra propia inventiva, perdemos o cedemos nuestro autodominio a las élites, las máquinas y los sistemas». ¿Cómo es posible que con tanta capacidad nos rindamos a la inercia de este sistema o al dominio de unos pocos?

Grabémonos a fuego que esos mundos que imaginamos son mundos posibles, puesto que el mundo que habitamos no es fijo ni inamovible. Sin embargo, a veces actuamos como si eso fuera así, como si lo dado en este mundo no pudiera ser de otra manera. En filosofía, los mundos posibles pueden entenderse como lugares donde un conjunto de afirmaciones es verdad. Veamos algunas afirmaciones que son verdad para nuestro mundo: «La mayoría de la gente trabaja 8 horas al día», «la mayoría de la gente libra los fines de semana», «nos informamos de lo que ocurre en el mundo y en nuestras ciudades a través de la televisión, la radio, la prensa escrita e internet». Sin embargo, que eso sea así en nuestro mundo no quiere decir que siempre tenga que ser así y que no podamos comprender que puedan existir otros mundos donde se cumplieran otras afirmaciones. Eso nos lleva a entender que los mundos que habitamos y los espacios que habitamos son conjuntos de ideas que, en definitiva, se dan y son verdad para este mundo.

Pero no tienen por qué serlo para otro mundo. Cuando entendemos que esas afirmaciones no son absolutas, podemos comenzar a vislumbrar la posibilidad de otros mundos. Al fin y al cabo, es importante la forma en que definimos un problema, desde qué ética lo enmarcamos y qué soluciones desde ahí generamos. En nuestro mundo, vivir con menos parece una renuncia y un esfuerzo, pero en otro mundo posible, tener, por ejemplo, dos pantalones por persona, podría ser una afirmación verdadera. Así, en ese mundo posible de los dos pantalones, serían ricas las personas que poseyeran 10 pantalones. ¿Cuántos pantalones hacen rica a una persona en nuestro mundo? Seguro que muchos más. Los mundos que visualicemos, los escenarios que recreemos en nuestro proceso de pensamiento pueden ser diferentes, pueden ser mejores si mejoramos dicho proceso. Tenemos una oportunidad de buscar consecuencias que deseamos, mundos que nos gustan, acercarnos a utopías y formas de sociedad más deseables para todos, pero hemos de empezar por pensar críticamente.

Para resumir diré, entonces, que hay dos ideas que hacen que el pensamiento utópico y distópico sea muy relevante hoy. Primero, nos posibilita una apertura a nuevos mundos, mundos posibles, alcanzables. Segundo, la prospectiva de futuro que generan permite vislumbrar efectos y consecuencias, y así regular nuestro proceso de pensamiento para que nos guíe hacia lugares más deseados evitando los indeseados. Estas dos funciones hacen que estas herramientas sean imprescindibles. El pensamiento genera mundos y lo hace a través de preguntas, éticas, sesgos, intuiciones, palabras y acciones creadoras.

 Ten en mente una decisión que quieres tomar. Lleva el ejercicio de lo mejor y lo peor un paso más allá. Piensa en la utopía, en cómo sería una sociedad donde esa decisión se implantara. ¿Cómo sería esa sociedad en su mejor versión? Ahora imagina esa sociedad con las peores consecuencias de tu decisión. La clave de este ejercicio no es pensar uno o dos aspectos y a corto plazo, sino ser capaz de imaginar toda una foto de esa sociedad a largo plazo. ¿Cómo sería la vida? ¿Dónde se viviría? ¿Cómo sería la gente? ¿Cómo se comportaría? ¿Cómo se trabajaría? ¿Cómo se crearían familias, grupos, colectividades? ¿Qué leyes habría? ¿Cómo sería el gobierno?

En última instancia, el pensamiento utópico y distópico nos permite salir del narcisismo y el individualismo, nos conecta de forma directa con la comunidad y con otras comunidades que nos parecen lejanas. En definitiva, nos recuerda que pertenecemos a la humanidad. Nadie quiere crear un mundo que se convierta en pesadilla para sus hijos o las generaciones futuras. Si solo vemos nuestro beneficio individual independientemente del daño a otros, hay algo que funciona muy mal. Estamos respondiendo a esta pregunta: ¿son mis ideas y las acciones que se derivan de ellas algo de lo que me siento orgulloso, algo que construye un mundo en el que querría que vivieran mis hijos? Podemos estar lanzando un producto que nos parece precioso, que cubre una utilidad clara, para el que hay un público o cliente, pero viendo las consecuencias, nos podríamos dar cuenta de que nuestro producto tiene mucho desperdicio o que la gente va a engancharse a él de forma adictiva. Entonces nos preguntaremos: ¿queremos contribuir a eso? ¿Podemos modificar algo del proceso (la solución, la formulación del problema, la ética, etc.) que nos permita caminar hacia una solución con consecuencias más deseables para todos? Tenemos que ser conscientes, sin embargo, de que no podemos adivinar el futuro y probablemente algunas de las mejores y peores consecuencias de nuestra solución no ocurran o no dependan de nosotros. No se trata de mirar la bola de cristal. No obstante, insistimos en que forzar a nuestra mente a encarar posibles consecuencias nos puede, y ese es el punto clave, hacer replantearnos nuestro proceso de pensamiento. Y mejorarlo; lo que, desde luego, está en nuestras manos.

## SOLUCIONES MALAS, MUNDOS MALOS

En el primer capítulo dijimos que el *cómo pienso* también afecta al contenido de lo que pienso. Así, nos podríamos preguntar: ¿es posible cultivar nuestro pensamiento crítico, ¿es posible cultivar nuestro pensamiento crítico, es decir, pensar bien, y aún así generar mundos malos?

En primer lugar, diremos que no existe un sistema infalible para proponer soluciones a problemas complejos. En este libro estamos hablando de pensar críticamente. Eso nos asegura muchas cosas, pero no otras. Nos asegura no sucumbir a la inmediatez y a la prisa, no ser esclavos de nuestra mente, de nuestros sesgos, potenciar intuiciones certeras y clarividentes escuchando a todo nuestro cuerpo o a nuestro conocimiento profundo sobre un tema, lograr independencia y libertad de pensamiento frente a los medios que emplean el *marketing* agresivo o los mecanismos de la posverdad, huir de la inmoralidad, cuidar las palabras, buscar la claridad en los conceptos, embarcarnos en diálogos con los demás en busca de universales, reforzar el sentimiento comunitario, etc. Nos asegura desarrollarnos en el buen pensar, el compromiso con la búsqueda de la verdad y el cultivo de la virtud. Y no te asegura ser una persona que no se equivoca, que no comete errores, no te asegura tener siempre la razón o dar en el clavo en las soluciones, no te asegura actuar siempre éticamente ni no enfadarte ni desanimarte. Pensar bien es una apuesta continua y cotidiana. Muchas veces caemos en la inmoralidad por pura ignorancia o, dicho de otra manera, por falta de conciencia, o porque nuestro ego se empeña en imponer nuestra forma de hacer las cosas, aun compartiendo el mismo ideal que tu vecino. En un momento volveremos sobre esto último. El pensamiento crítico apunta justo a esa ignorancia, a esa inconsciencia en el proceso y las actividades que este implica. Cura en esos lugares, ni más ni menos. Enfoca tu ignorancia, la hace patente y te da una viva llama para iluminar tu sabiduría. Y aun así, siempre habrá quien no quiera mirar, o quien lo use para fines dudosos.

Si practicamos el pensamiento crítico y atendemos a sus actividades, buscaremos la virtud y eso enmarcará nuestra definición de los problemas y nos encaminará hacia soluciones también dentro de esa virtud. «Vienen clientes con una crisis de imagen, con cuestiones que han salido a la luz que enturbian su trabajo», me comentaba un directivo de un agencia de comunicación. Quizá esa ética que se buscaba cuando ya estaba la crisis sobre la mesa, esa que se quería mostrar para salvar su imagen, debía haber estado reflexionada y presente desde el comienzo. Pero recordemos que somos humanos y nos equivocamos y, a veces sin querer y otras queriendo, la maldad se nos cuela por algún lado. De lo que no podemos dudar es de que el pensamiento crítico le pone más trabas, la acorrala una y otra vez atravesando tu pensamiento y tu acción de más veracidad y autenticidad. No se trataría aquí de buscar la eliminación del mal, para nada, sino de entender que el pensamiento crítico sirve a la humanidad y la pone en una senda más bella, frondosa y respetuosa. Así, me puedo seguir preguntando: ¿es posible hacer el mal con sentido crítico y en diálogo con otros? Es posible, pero es definitivamente más difícil. El pensamiento crítico contiene en sí mismo la regulación ética y la búsqueda genuina del bien.

# SEAMOS UTÓPICOS

Tras años practicando en diferentes comunidades de diálogo, con personas de toda procedencia e ideas, una intuición se va revelando. Al principio parecía que nuestras visiones eran muy diferentes, nos costaba entendernos. Poco a poco, conseguimos entendernos, cada vez más. En unos primeros estadios, definíamos conceptos juntos y nos alineábamos. Pero todavía sentíamos que había creencias irrenunciables en cada uno de nosotros. Pero continuamos, nos comprometimos con la búsqueda de la verdad y cada vez nos sentíamos más cerca, llegábamos a ideas universales a las que todos asentíamos, con humildad, y renunciábamos a otras que no se sostenían por ningún lado. Al finalizar, descubrimos que todos éramos más parecidos de lo que pensábamos, nuestros valores eran casi los mismos.

¿Es posible que nos pongamos de acuerdo en las utopías? Probablemente las diferencias entre las personas son amplias, cultural y personalmente. De hecho, nos nutrimos de ellas para enriquecer nuestro diálogo, nuestro pensamiento y la propia vida. Nos resulta obvio asumir que los marcos éticos que mueven a unos no son los mismos que mueven a otros. De hecho, aquí mismo hemos animado a explorar la ética de cada uno, cómo cada uno define el problema, asumiendo la diferencia, entendiendo la especificidad como importante. Sin embargo, más allá de esto, en el fondo de nuestro cuerpo, en el medio de nuestra entraña y de nuestro corazón, observamos grandes parecidos. No todos pensamos igual pero todos pensamos y todos somos humanos. Una y otra vez contemplo las comunidades de diálogo que guío, puntuales o más periódicas, y veo que, cuando encontramos universales, resuenan entre sí, son casi los mismos. Las grandes diferencias que todos argumentamos como las causantes de muchos conflictos, en el fondo, no son tan grandes. Pero hay que dialogarlas, hay que buscar los puntos de universalidad en nuestros argumentos.

¿Puede entonces ser la utopía igual para todos? No, pero desde luego se parece más de lo que creemos. Lo único que nos distancia es la falta de buen pensamiento.

No puedo más que arengar a toda la sociedad a ser utópica, a practicar ese pensamiento utópico y a soñar con mundos mejores. Ese soñar ha de ser crítico, desplegando todas las actividades del pensamiento, con compromiso y conciencia. Debemos involucrarnos en diálogos que desplieguen nuestro pensamiento utópico y distópico. Ser utópico podría entonces acercarnos al ideal del sabio, al humanismo planetario, al buen pensamiento.

Morin, que cumple 100 años en 2021, lo tiene muy claro: «La utopía del mejor de los mundos debe ceder su lugar a la esperanza de un mundo mejor. Como toda gran crisis, como toda gran desdicha colectiva, nuestra crisis planetaria despierta esa esperanza. El humanismo debe regenerar esa gran aspiración permanente de la humanidad a un mundo mejor».

## LA PREGUNTA

En este capítulo hemos visto el vínculo definitivo entre mis pensamientos y el mundo. Hemos cerrado el círculo entendiendo que mi pensar tiene consecuencias, genera mundos. Hemos propuesto el pensamiento utópico y distópico como una buena herramientas de proyección de mundos. Veamos qué preguntas podemos añadir finalmente a nuestro sistema para completarlo:

¿Qué consecuencias tiene mi solución al problema?

A corto, medio plazo, para los más cercanos, lejanos...

### ¿Qué utopías y distopías puedes imaginar sobre esa solución?

Y ahora, una vez has acabado todo el sistema, vuelve al comienzo. A lo mejor quieres volver a plantearte el problema.

# ¡Pensamiento para todos!

Querido lector, espero que este libro te haya hecho pensar. También espero que ahora entiendas mejor de qué va esto del pensamiento crítico, su actitud, sus actividades y sus prácticas.

Te voy a ser muy sincera. Creo que las cosas más básicas y aparentemente más sencillas son las más complejas. Me explico: no nos cuesta nada saber que parar a reflexionar es importante y tampoco hace falta que nadie nos recuerde que es mejor hablar con buenas palabras. Sin embargo, el ser humano tarda toda una vida en incorporar en la práctica esos pequeños hábitos. Y a veces, ni toda una vida le es suficiente. Creo que precisamente de eso va la vida. Vivir consiste en aprender a pensar, aprender a conversar, aprender a tratar bien a los demás, aprender a amar. Y, sin embargo, tanto la educación como la preparación profesional y lo que el sistema o nosotros mismos valoramos está muy lejos de todo eso. Pensamos que es esencial aprender a editar vídeos y fotos, que es imprescindible aprender algo de finanzas para llevar nuestras cuentas, creemos que cuantos más idiomas sepamos seremos más capaces de comunicarnos, pasamos años estudiando técnicamente carreras y profesiones. Si no aprendemos habilidades y técnicas nos sentimos inútiles y no progresamos. Ahora bien, ¿quién nos enseña lo básico? ¿Cómo lo aprendemos? ¿Cuánto tiempo hemos dedicado en nuestra formación a esto? Muchas veces he pensado que el sistema educativo se podría centrar casi exclusivamente en fomentar el aprendizaje para ser una persona que piensa, siente y vive con otros. El pensamiento crítico contiene algunos de estos básicos necesarios, en especial allana el camino del buen pensar. A día de hoy, todavía no contamos con asignaturas de pensamiento crítico o de diálogo en los colegios ni institutos. Todavía es un lujo en algunas carreras y planes de estudios. Estamos en una sociedad donde los niños aprenden antes a usar un móvil que a saber cómo dar un porqué para explicar lo que piensan. Preferimos reunirnos en torno a un vídeo a profundizar en nuestros pareceres, sentimientos y pensamientos sobre los temas que nos inquietan. Preferimos entretenernos con algo a disfrutar del roce de una piel.

Pero no te quiero desanimar porque ahora sabes de qué va pensar bien.

Espero que ahora identifiques cuándo te duele el pensamiento y no pases por alto los síntomas. Que dediques tiempo a mirarte y cuidar tu pensar.

También espero que te haya calado la necesidad de parar y de suspender la inercia del juicio y la compulsividad de la mente. Que ahora busques esos espacios para pensar, que los crees con mimo, para ti, paras los tuyos, para tus equipos, en el aula, en tu familia.

Espero que no tengas tanta prisa ni tanto miedo al abordar un problema y que le saques el gusto a deleitarte en sus rincones, que habites su proceso y que vuelvas al camino. Los finales no son tan divertidos.

Espero que entiendas un poco más lo que hacen los medios y los políticos, lo que quiere decir la posverdad, lo que significan los hechos, las opiniones y de qué va realmente la verdad.

De nuevo, espero que tomes más conciencia de tus costumbres, de tus hábitos, de las normas que sigues, de tus valores, de los criterios que tienes para valorar algo como bueno o malo. Y que te des cuenta de que lo que valoras determina tu forma de ver lo que te pasa.

También espero que después de esta lectura, no sucumbas a las ofertas tramposas, que tengas cuidado con los anclajes, que seas más crítico con tu ego y no asumas patrones en el azar. Pero a la vez espero que confíes más en tu intuición certera, aquella que viene del conocimiento y del autoconocimiento. Escucha a tu cuerpo y también a tu espíritu, la sabiduría puede venir de tus ancestros.

Tengo también la esperanza de que hayas aprendido algo sobre argumentos, que los identifiques con más facilidad y que ya no aguantes tan bien una conversación sin razones. Espero que te hables mejor y te quieras más.

Mi mayor esperanza, lo confesaré, es que ahora tengas más ganas que nunca de dialogar. Que ahora sepas que hay todo un mundo de posibilidades en la conversación y que con unas pequeñas pautas se puede llegar a lugares mágicos. Con esa gran esperanza confío en que veas a los demás como compañeros de viaje, de comunidad, y te involucres en la creación de nuevos mundos con ellos. Así podremos caminar hacia la utopía.

Tras todas estas esperanzas, espero no haber creado un Frankenstein, sino más bien un nuevo ser humano no parcheado, fragmentado o desmembrado, sino alguien con razón y corazón, de múltiples colores, que pisa suelo pero que ansía tocar el cielo. Ese ser humano somos todos, así que liberemos el pensamiento. El buen pensar nos pertenece y todos tenemos la responsabilidad de construirlo. Más en estos tiempos revueltos.

Sin más, me despido. Y, por cierto, todo lo dicho hasta aquí puede ser cuestionado y revisado. Nada me haría más feliz que lo dialogáramos. Para cualquier cosa, sabéis dónde encontrarme.

# PREGUNTAS CRÍTICAS

Recogemos aquí las preguntas del final de cada capítulo en una única secuencia. Sirven para abordar con pensamiento crítico cualquier problema.

¿Cuál es el problema que quieres abordar?

Recuerda habitar el problema, darte tiempo y definirlo en forma de pregunta.

¿Qué hechos puedes recoger sobre tu problema?
¿Qué opiniones valiosas?
¿Qué información viva te ayuda a abordarlo?

Desecha información muerta y meras opiniones

¿Cuál es la ética desde la que
abordas el problema?
¿Para qué gran fin quieres resolver el problema?

Redefine tu problema según tu ética y tu propósito

¿Qué sesgos puedes identificar en
la definición de tu problema?

Trata de indagar de qué tipo son y cuáles pueden ser intuiciones certeras.

¿Qué conceptos usas en la
definición del problema?

Identifícalos y defínelos.

### ¿En qué argumentos te basas para definir tu problema?

Trata de describirlos y valora si son buenos argumentos o esconden alguna falacia.

### ¿Qué hipótesis puedes proponer para responder o solucionar tu problema?

Busca tener una buena conversación para contrastar tu hipótesis. Vela por el cumplimiento de las condiciones del diálogo.

### ¿Qué consecuencias tiene tu solución al problema?

A corto, medio plazo, para los más cercanos, lejanos…

### ¿Qué utopías y distopías puedes imaginar sobre esa solución?

Muchas veces, al acabar o en alguno de los pasos, sentimos la necesidad de reformular el problema. Si es así, hazlo. Bienvenido al pensamiento crítico.

# Agradecimientos

Siempre pensé que escribir un libro era un trabajo colectivo. El que hace algo así no está solo. Hay quien le apoya, quien le revisa, quien le sugiere, quien le da sustento y aliento, quien le cocina, quien cuida por él, quien le ha inspirado y acompañado en otros momentos de su vida para poder llegar hasta aquí.

Gracias a Raquel por su cariño en la revisión, por sus visiones que han enriquecido el libro y, sobre todo, por su amistad.

Gracias a Boris por ser mi compañero en la búsqueda de la virtud cada día, por sus alimentos para el cuerpo y el alma y por su gran amor.

Gracias a mi sol, Ámbar, y a mi luna, Dámaso. Gracias a Luigi por ser mi complemento, mi otra mitad. Gracias a ti, mamá, porque siempre estás aunque no te vea.

Gracias a mi editora por la confianza casi ciega y por sus buenas palabras desde el principio.

Gracias a mi comunidad de diálogo, a todos y cada uno de los que han pasado por ahí. He crecido y aprendido con vosotros: me dais mucha esperanza en la humanidad.

Gracias a todos los que me han ayudado y me han escuchado, aguantado y querido durante todo este proceso, en otros proyectos y en la vida.

# Bibliografía

Aristófanes, *Las nubes*, Alianza editorial, Madrid, 1987

Bacon, F., *La gran restauración (Novum organum)*, Tecnos, Madrid, 2011

Bauman, Z., *Retrotopía*, Paidós, Barcelona, 2017

Bergson, H., *La evolución creadora*, Cactus, Buenos Aires, 2007

Bohm, D., *Sobre el diálogo*, Kairós, Barcelona, 1997.

Bohm, D., *Sobre la creatividad*, Kairós, Barcelona, 2002.

Bregman, R., *Utopía para Realistas, Salamandra, Barcelona, 2017*.

Buber, M., *Caminos de utopía*, Fondo de Cultura Económica, México D.F., 1955.

Buber, M., *Yo y Tú*, Herder, Barcelona, 2017.

Camps, V., *Virtudes Públicas*, Arpa, Barcelona, 2019.

Cavallé, M., *El arte de ser*, Kairós, Barcelona, 2017.

Chomsky, N., *Lingüística cartesiana*, Madrid, Gredos 1969.

Claeys, G., *Dystopia, A Natural History*, Oxford University Press, Oxford, 2016

Claeys, G., *Utopía, historia de una idea*, Siruela, Madrid, 2011

Cohut, A., et al., *Economies of Emerging Markets Better Rated During Difficult Times. Global Downturn Takes Heavy Toll; Inequality Seen as Rising*, Pew Research (23 de Mayo, 2013), p. 23. Disponible en: https://www.pewresearch.org/global/2013/05/23/chapter-3-inequality-and-economic-mobility/

Comte-Sponville, A., *Pequeño tratado de las grandes virtudes*, Paidós, Barcelona, 2017.

Cortina, A., «Ética empresarial y opinión pública», *Claves de Razón Práctica nº 56*, 1995.

Dahlsgaard, K., Peterson, C., y Seligman, M.E.P., «Shared virtue: The convergence of valued human strengths across culture and history», *Review of General Psychology* 8, 2005. Disponible en: https://www.researchgate.net/publication/232518852_Shared_Virtue_The_Convergence_of_Valued_Human_Strengths_Across_Culture_and_History

Damasio, A., *El error de Descartes*, Destino, Barcelona, 2011.

Deleuze, G., «Lecture Course on Chapter Three of Bergson's Creative Evolution», *Substance* 36.3, 2007.

Descartes, R., *Discurso del Método, Alianza Editorial, Madrid, 2011*

*Dewey, J., Cómo pensamos,* Editorial Paidós, *Barcelona, 2007*

Facione, P.A. (dir.), *Critical Thinking: A statement of Expert Consensus for Purposes of Educational Assessment and Instruction, The Delphi Report*, Millbrae, The California Academia Press, 1990.

Fernando, J. W., Burden, N., Ferguson, A., O'Brien, L. V., Judge, M. & Kashima, Y., «Functions of Utopia: How Utopian Thinking Motivates Societal Engagement», Personality and Social Psychology Bulletin 44 (5), 2018. Disponible en: https://doi.org/10.1177/0146167217748604.

Frankfurt, H., *Sobre la charlatanería (On Bullshit) y sobre la verdad*, Paidós, Barcelona, 2013.

Friedman, H.H., «Cognitive Biases that Interfere with Critical Thinking and Scientific Reasoning: A Course Module», Brooklyn College of the City University of New York, 2017. Disponible en: https://papers.ssrn.com/sol3/papers.cfm?abstract_id=2958800

Gabriel, M., *Por qué el mundo no existe*, Pasado & Presente, Barcelona, 2015

Galison, P., *Relojes de Einstein, mapas de Poincaré, Crítica, Barcelona,* 2005

Garcés, M., «La palabra libre», *Babelia, El País,* 06/11/2016

Gigerenzer, G., & Brighton, H., «Homo Heuristicus: Why Biased Minds Make Better Inferences», *Topics in Cognitive Science,* 1(1), 107-143, 2009. Disponible en: https://doi.org/10.1111/j.1756-8765.2008.01006.x

Gigerenzer, G., *Decisiones instintivas. La inteligencia del inconsciente,* Ariel, Barcelona, 2008

Goleman, D., *La inteligencia emocional,* Kairós, Barcelona, 1996.

Han, B-C., *La salvación de lo bello,* Herder, Barcelona, 2015

Han, B-C., *La sociedad de la transparencia,* Herder, Barcelona, 2013

Han, B-C., *La sociedad del cansancio,* Herder, Barcelona, 2012

Heidegger, *¿Qué es eso de la filosofía?,* Madrid, Narcea, 1985.

Heidegger, Martin, *¿Qué significa pensar?,* Nova, Buenos Aires, 1958.

Horkheimer, M., y Adorno, T.W., *Dialética del iluminismo,* Ed. Sur, Buenos Aires, 1969.

Ibañez, J. (ed.), *En la era de la posverdad,* Calamur, Barcelona, 2017

Isaacs, William, *Dialogue and the Art of Thinking Together,* Currency Doubleday, New York, 1999.

Kahneman, D., *Pensar rápido, pensar despacio,* Debolsillo, 2013.

*Kant, I., Crítica de la razón práctica, Alianza, Madrid, 2013*

Lipovetsky, G., *La era del vacío,* Anagrama, Barcelona, 2003.

Lledó, E., Entrevistado por Saray Encinoso, *Diario de Avisos,* 2013. Disponible en: https://diariodeavisos.elespanol.com/2013/11/emilio-lledo-la-verdadera-crisis-es-inteligencia/

Luri, G., *¿Matar a Sócrates? El filósofo que desafía la ciudad,* Planeta, Barcelona, 2015.

Marco Aurelio, *Meditaciones,* Alianza, Madrid, 2009.

Marinoff, L., *El poder del Tao,* Ediciones B, Barcelona, 2011.

Marx, K., *Tesis sobre Feuerbach*, Progreso, Moscú, 1980. Disponible en: https://www.filosofia.org/cla/ome/45tes_d.htm

McIntyre, A., *Tras la virtud*, Crítica, Barcelona, 2001.

McIntyre, L., *Posverdad*, Cátedra, Madrid, 2018.

Montero, L., *El diseño de nosotros mismos*, Experimenta, Madrid, 2020.

Morin, E., *Cambiemos la vía. Lecciones sobre la pandemia*, Paidós Ibérica, Barcelona, 2020.

Muñoz, J., y Velarde, J., *Compendio de epistemología*, Trotta, Madrid, 2000

Osho, *Alegría*, Planeta DeAgostini, Barcelona, 2007.

Pascal, B., *Pensamientos*, Catedra, Madrid, 1998.

Paul, R. y Elder, L., *La mini-guía para el Pensamiento crítico. Conceptos y herramientas*, Fundación para el pensamiento crítico (Critical Thinking Fundation), Tomales, CA, 2008.

Paul, R., y Elder, L., *The Thinker´s Guide to Analytic Thinking*, Critical Thinking Foundation, Tomales, CA, 2012.

Pigliucci, M., *Cómo ser un estoico*, Planeta, Barcelona, 2018.

Platón, *Gorgias, Fedón y El Banquete*, S.L.U. Espasa Libros, Barcelona, 2010.

Platón, *Teeteto*, Biblioteca Nueva, Madrid, 2003.

Popper, K., *La lógica de la investigación científica*, Tecnos, Madrid, 2008

Riechman, J., *La habitación de Pascal. Ensayos para fundamentar éticas de suficiencia y políticas de autocontención*, La Catarata, Madrid, 2009.

Robertson, D., *Piensa como un emperador romano*, Planeta, México, 2020.

Ruiz, J. C., *El arte de pensar*, Berenice, Córdoba, 2018.

Seneca, *Sobre la firmeza del sabio, Sobre el ocio, Sobre la tranquilidad del ama, sobre la brevedad de la vida*, Alianza, Madrid, 2010.

Seneca, *De la cólera*, Alianza, Madrid, 2017

Simon Herbert A., *El Comportamiento Administrativo*. Aguilar, Buenos Aires, 1990

Simon, H.A., *Models of Bounded Rationality. vol. 3: Empirically Grounded Economic Reason*, MIT Press, Cambridge, MA, 1997.

Soriano, N., y Ferreres, S. (coord.) *Filósofas. Del olvido a la memoria*, Diálogo, Valencia, 2020.

Vega Reñón, L., *La fauna de las falacias*, Trotta, Madrid, 2013

Viktor Frankl, *El hombre en busca de sentido*, Herder, Barcelona, 2011

VV.AA., *El atlas de las utopías*, Uned, Le Monde Diplomatique español, 2014

Weston, A., *Las claves de la argumentación*, Ariel, Barcelona, 2006

Zambrano, M., *Claros del bosque*, Seix Barral, Barcelona, 1990.

Zambrano, M., *Filosofía y poesía*, FCE, México, 1996